Franz Heiderich

Die weltpolitische und weltwirtschaftliche Zukunft von Österreich-Ungarn

Verlag
der
Wissenschaften

Franz Heiderich

Die weltpolitische und weltwirtschaftliche Zukunft von Österreich-Ungarn

ISBN/EAN: 9783957002563

Auflage: 1

Erscheinungsjahr: 2014

Erscheinungsort: Norderstedt, Deutschland

Hergestellt in Europa, USA, Kanada, Australien, Japan
Verlag der Wissenschaften in Hansebooks GmbH, Norderstedt

DIE WELTPOLITISCHE UND WELTWIRTSCHAFTLICHE ZUKUNFT VON ÖSTERREICH-UNGARN

VON

DR· FRANZ HEIDERICH,

ORDENTL. PROFESSOR DER GEOGRAPHIE
AN DER K. K. EXPORTAKADEMIE

Das Miterleben der großen Zeitereignisse lenkt immer wieder den Blick auf die Zukunft, läßt die Wege und Ziele der künftigen Gestaltung ins Auge fassen. Die vorliegende wirtschaftsgeographische Studie — zuerst im Februar- und Märzheft der „Mitteilungen" der k. k. Geographischen Gesellschaft in Wien erschienen — sucht von geographischem Standpunkte aus und in geographischer Betrachtungsweise Kenntnis zu geben von der Summe der physischen und geistigen Produktivkräfte und von den Entwicklungsmöglichkeiten der österreichisch-ungarischen Monarchie. Die reichlichen statistischen Angaben, bei deren Zusammenstellung mir Herr Dr. H. Leiter wertvolle Mithilfe geleistet hat, sollen den Leser zur Vergleichung anregen und ihm den Grad der wirtschaftlichen Weltstellung der Monarchie erkennen lassen.

Schon lange, bevor der Krieg viele sehend gemacht hat, habe ich literarisch und in öffentlichen Vorträgen einschlägige Fragen behandelt und — ohne auf das Recht freimütiger Kritik an bestehenden Übelständen zu verzichten — gegen geläufige Vorstellungen von der Hinfälligkeit der Monarchie und gegen den landesüblichen Pessimismus Stellung genommen. Diese Grundanschauungen beherrschten meinen Vortragszyklus über „Die wirtschaftsgeographischen Bedingungen der industriellen Entwicklung Österreichs", den ich im Wintersemester 1909 in der Freien Vereinigung für staatswissenschaftliche Fortbildung in Wien gehalten habe, sowie die Vorträge über „Die natürlichen Bedingungen des Wirtschaftslebens von Österreich-Ungarn" im IV. internationalen Wirtschaftskurs in Wien (1910) und den mit Dr. S. Schilder für eine geplante Enquete der Wiener Kulturpolitischen Gesellschaft verfaßten „Entwurf über Österreich-Ungarn als Wirtschaftsgebiet" (1912). Was ich so an verschiedenen Stellen geäußert habe, ist hier zusammengefaßt, ergänzt und abgerundet worden.

Meine ehemaligen Schüler werden in den folgenden Ausführungen ihren Lehrer wieder erkennen, der in fast fünfundzwanzigjähriger Lehrtätigkeit seine Anschauungen über Land und Volk zwar stetig vertieft, aber nie geändert hat. So sei denn auch das bescheidene Heftchen meinen ehemaligen Schülern vom Francisco-Josephinum, von der Konsularakademie und von der Exportakademie gewidmet als Gabe, die herzlichen Gruß und freundliche Erinnerung an gemeinsam verbrachte Stunden bringt. Und in ernster Trauer wollen wir der Vielen aus unserer Mitte gedenken, die den Heldentod für das Vaterland erlitten haben.

W i e n, Ostern 1916.

Franz Heiderich.

I.

Der Weltkrieg hat Österreich-Ungarn an die Schwelle
einer neuen Zeit gebracht, hat seine Völker aus Hader, Klein-
wahn und Pessimismus emporgerissen zur Einheit, zur Erkenntnis ihrer wirtschaftlichen und militärischen Stärke und zum
Vertrauen in die Zukunft. Nach äußeren Erscheinungen hat
man im Auslande — und vielfach auch im Inlande — die in der
Monarchie ruhende Festigkeit und Kraft verkannt; die Vor-
stellung von einem morschen Staatskörper, der bei dem ersten
feindlichen Ansturme in Trümmer stürzen werde, war der große
Kalkulationsfehler unserer Gegner. Übrigens hätte selbst flüch-
tige Beurteilung erkennen lassen müssen, daß der über schwere
Stürme und heftige Erschütterungen hinaus erreichte viel-
hundertjährige Bestand der Monarchie und ihre aus der Uni-
versalgeschichte nicht wegzudenkende welt- und kulturhisto-
rische Bedeutung in einer Fülle von schaffenden und erhaltenden
Kräften wurzelt, daß das Reich vor allem durch die Wucht
unvergänglicher geographischer Tatsachen festgefügt und ver-
kittet ist.

Trotz großer innerer und äußerer Aufgaben war das habs-
burgische Reich bis über den Anfang des 19. Jahrhunderts wirtschaftlich und kulturell nicht hinter den damals fortgeschritten-
sten Staaten zurückgeblieben, wie seine politische Stellung
genügend durch die Rolle auf dem Wiener Kongresse charakterisiert erscheint. Mit voller Klarheit und im vollen Umfange
muß aber erkannt werden, daß es seitdem mit der Entwicklung
anderer Staaten nicht gleichen Schritt gehalten und deshalb
politisch und wirtschaftlich ins Hintertreffen gekommen ist.
Allerdings lehrt wieder eine objektive Beurteilung dieser un-
leugbaren Tatsache, daß dieses Zurückbleiben nicht Alters-
erscheinungen eines siechen, absterbenden Organismus, nicht
Zeichen des Abwirtschaftens eines ahnenreichen Aristokraten

sind, sondern Erscheinungen, die durch neue Verwicklungen und neue Aufgaben bedingt wurden, die anderswo fehlten und dort nicht den organischen Entwicklungsprozeß aufhalten konnten. Am schwersten ist zweifellos die Monarchie durch das neu auftauchende und mit Fanatismus vertretene Nationalitätsprinzip erschüttert worden, das für jede Nation staatliches Eigendasein fordert und die Daseinsmöglichkeit und Daseinsberechtigung eines polyglotten Staates leugnet.

Der Rasse- und Nationalitätsgedanke als staatsbildender Faktor besitzt gewiß hohe Bedeutung. Ein Rückblick in ferne Zeiten läßt erkennen, daß in der auf Verwandtschaft beruhenden Stammbildung und in der hierbei erworbenen Stammverfassung die Keime liegen, die in ihrem Wachstum und in ihrer weiteren Entwicklung zur Staatenbildung und zum staatlichen Wesen der kulturell höher entwickelten Völker geführt haben. Von den engen Kern- und Stammgebieten sind die Staaten in immer größere Räume hineingewachsen, zuerst natürliche Grenzen suchend und an ihnen Halt machend, dann mit zunehmender Erstarkung und steigender Erkenntnis des Wertes staatlichen Großbetriebes auch über diese Grenzen kraftvoll hinausstrebend, den Blick auf neue Ziele und neue Grenzsäume gerichtet. Dabei wurde das anfängliche Stammesbewußtsein nationaler Zusammengehörigkeit in der Weise beeinflußt, daß man fremdnationales Leben und Gebiet nicht ausschaltete, sondern es vielmehr zur Erhöhung der wirtschaftlichen und militärischen Kraft des nationalen Kernlandes aufsog und es diesem kulturell zu assimilieren bestrebt war. So wurde für die Staatenbildung die r ä u m l i c h e Zugehörigkeit und n i c h t die Zugehörigkeit zur gleichen Nation das Entscheidende. Schon Fr. R a t z e l hat betont,[1]) daß das strenge Nationalitätsprinzip, das zur Forderung von Nationalstaaten führt, ein Rückschritt ins Unterritoriale ist und sich gegenüber einer gesunden geographischen Politik nicht behaupten kann.

Es muß sich immer mehr die Erkenntnis durchringen, daß der Völkerstaat im Vergleiche zum Nationalstaat ein Staatswesen höherer Ordnung ist. Der Nationalstaat widerspricht der Kulturvereinigung verschiedener Völker, der Völkerstaat be

---

[1]) Fr. R a t z e l, Politische Geographie, 2. Aufl., S. 35. München und Berlin. R. Oldenburg, 1903.

jaht sie, indem er auf dem dornigen Wege der mühsamen Aus-
gleichung von Gegensätzen allmählich Einrichtungen und
gesetzliche Normen schafft, die ein einträchtliches Zusammen-
leben und ein machtvolles Zusammenfassen ermöglichen. Un-
vergänglich wird der Ruhm Österreichs bleiben, seine nicht-
deutschen Völkerschaften durch zähe und unverdrossene Arbeit
dem durch deutschen Geist geschaffenen mitteleuropäischen
Macht- und Kulturkreis eingefügt und dadurch einen festen
Wall gegen den kulturell anders gearteten Osten errichtet zu
haben. Diese mühevolle Arbeit, die aus dem Geiste des in den
Traditionen der Monarchie liegenden Universalismus heraus
geleistet wurde, hat die Völker Österreich-Ungarns wie vielleicht kein anderes Volk der Erde zur Duldung, zum Begreifen
und Verstehen anderer nationaler Wesensart erzogen, hat ein
vielseitigeres und anpassungsfähigeres Volkstum geschaffen, als
dies bei strenger nationaler Einheit und Isolierung möglich
gewesen wäre. Das sind aber Erfahrungen und Eigenschaften,
die uns bei Eintritt friedlicher Zeiten besonders befähigen
werden, die zerrissenen internationalen Beziehungen wieder
zu knüpfen, an einen Abbau des Hasses zu schreiten. Fr. T e z-
n e r [2]) hat erst kürzlich darauf hingewiesen, daß einerseits die
heftigen nationalen Kämpfe in Österreich-Ungarn im Gegensatze zu der Todesstille der nichtrussischen Völkerschaften Rußlands als ein Kennzeichen weitgehender Bewegungsfreiheit der
Völker der Monarchie betrachtet werden können, wie anderseits
infolge des kräftigen Zusammenwirkens von Gesetzgebung und
Rechtsprechung sich ein hochstehendes, sonst nirgends anzu-
treffendes internationales Nationalitätenrecht herausgebildet
hat, das als eine kulturelle Leistung allererstern Ranges anzu-
sprechen ist. Der Weltverkehr schwächt die nationalen Grenzen
und hebt die nationale Isolierung auf, er bringt die verschiedensten Völker der Welt in immer engere Fühlung. Die Binnenwanderung, wie die über die Staatsgrenzen gehende Aus- und
Einwanderung versetzt Hunderttausende und Millionen in
fremdsprachige Gebiete. Was in Österreich in Sachen der
Völkerverständigung vorgearbeitet wurde, wird vorbildlich für
die ganze Welt werden. In erster Linie für Rußland, wenn es

---

[2]) Fr. T e z n e r, Die österr.-ungar. Monarchie, in dem Sammelwerke
„Deutschland und der Weltkrieg" Leipzig und Berlin, B. G. Teubner, 1915.

sich einmal ehrlich zu den Prinzipien bürgerlicher Freiheit
bekennen und den tyrannischen Druck auf die anderssprachigen
Völker aufgeben wird, nicht minder für die Vereinigten Staaten
von Amerika, die durch romanische und slawische Einwanderung aus dem Osten und Süden unseres Erdteils einen beispiel-
los polyglotten Charakter erhalten, für Japan, das in seinen
Weltmachtsgelüsten bereits weit über die engeren nationalen
Grenzen hinausgewachsen ist, für die Einwanderungsländer
Kanada und Südamerika und schließlich für alle nach Raum-
gewinn und Weltgeltung strebenden Großmächte, mag auch das
Mutterland nationale Geschlossenheit besitzen.

Sicherlich hat der Nationalitätenhader das Ansehen der
Monarchie am meisten geschädigt. Als Erscheinungen des lang-
samen und mühevollen Werdens der Formen einer staatlichen
Völkergemeinschaft ist er durchaus begreiflich und war nicht zu
umgehen. Bedauerlich waren die Ausartungen, vor allem die
wüste Form der Parlamentskämpfe. Nebensächlichkeiten wurden in den Vordergrund geschoben, die großen Ziele gingen verloren und die wirtschaftliche Entwicklung wurde schwer beeinträchtigt. Trotzdem hat das Ausland Unrecht gehabt, die
Parlamentsstreitigkeiten und auch die Gegensätze zwischen
Österreich und Ungarn als Kennzeichen des nahenden Reichs-
zerfalles hinzunehmen, es hat im besonderen die Sprachen-
kämpfe in ihrer Bedeutung sowohl verkannt wie auch außer-
ordentlich überschätzt. Das haben in neuester Zeit wieder
R o b e r t   S i e g e r [3]) und A l f r e d   M e r z [4]) vortrefflich und in
restlos überzeugender Darstellung dargetan. Sie betonen, daß
die Kämpfe nicht den Sinn hatten, den Staat zu zertrümmern,
sondern daß sie nach Formen des staatlichen Zusammenlebens
rangen und daß bei der Form der Kämpfe wohl auch der süd-
liche Einschlag im Temperament verschiedener Völker berücksichtigt werden muß; auch die Fülle von Lebenskräften und
Leidenschaften, die gerade jungen, aus Niedrigkeit aufsteigen-
den Nationen eigentümlich sind, muß mit in Rechnung gestellt

---

[3]) Rob. S i e g e r, Die geographischen Grundlagen der österr.-ungar. Monarchie und ihrer Außenpolitik, S. 30 ff. und a. a. O., Bd. 9. Leipzig und Berlin,
B. G. Teubner, 1915

[4]) Alfr. M e r z, Beiträge zur politischen Geographie der Großmächte. Zeit-
schrift d. Ges. f. Erdkunde zu Berlin 1915, 6. Heft, S. 382 ff. Auch in der anregenden Publikation desselben Verfassers: Die südeuropäischen Staaten und

werden. Fr. Naumann hat es in seinem prächtigen Buche „Mitteleuropa"[5]) schön gesagt: „Jede Nation wünscht beim Aufwachen ihren Morgen, ihren eigenen Tag zu erleben, ihren heiligen, sonnigen Mai und versucht dazu, was sie kann. Das mag störend und unverständig sein, aber es ist tief menschlich. Diesen Geist der Völker, dessen Sinn zuerst von allen bedeutenden Denkern Herder zu erschließen versuchte, sollen die Lenker der Nationalitätenstreite nie vergessen." Der Irredentismus hatte doch immer nur in kleineren Bevölkerungsteilen festeren Fuß zu fassen vermocht und die staatszertrümmernden Parteien hatten nie größere Macht gewonnen; auch in Ungarn ist eine solche Partei nach anfänglichen Erfolgen rasch wieder zur Bedeutungslosigkeit herabgedrückt worden. Über all den wüsten Lärm und das Wirrsal der Kämpfe hinaus haben immer die vermittelnden Bestrebungen nach Ordnung der nationalen Fragen einen starken Widerhall gefunden in der Sehnsucht aller Völker der Monarchie nach nationalem Frieden und in dem in Millionen wurzelnden Gemeinschaftsgefühl, das sich so herrlich bei Kriegsausbruch gezeigt und seitdem immer mehr vertieft hat. Wo ganz vereinzelt andere Erscheinungen merkbar wurden, da sind sie auf maßlose Verhetzung und feindliche Wühlarbeit zurückzuführen, die man in schwer begreiflicher Langmut allzu lange geduldet hatte. Es wird auch nach dem Kriege noch manches Innerpolitische zu bereinigen, noch manches Strittige gesetzlich festzulegen sein, aber so wie früher kann und darf es nicht wieder werden. Dafür werden die Völker der Monarchie selbst sorgen, die auf den Schlachtfeldern im Norden und Süden Schulter an Schulter gestanden sind, die einander Treue gehalten haben in Not und Tod, die jeden Teil des weiten Vaterlandes mit dem gleichen Heldenmute verteidigt haben, als gälte es die heimische Scholle und den eigenen Herd. Über die Erkenntnis der Notwendigkeit und Nützlichkeit des Zusammenstehens hinaus hat der Krieg sicherlich auch ein freundschaftlich-herzliches Gefühl treuer Zusammengehörigkeit gebracht. Und dieses Gefühl und den Geist der Versöhnlichkeit zu pflegen, wird die Aufgabe aller sein, die eines guten Willens sind!

unser Krieg. Meereskunde, Sammlung volkstümlicher Vorträge, S. 35 ff. Berlin, E. S. Mittler & Sohn, 1915.
[5]) Friedr. Naumann, Mitteleuropa, S. 83. Berlin, G. Reimer, 1915.

Der Nationalitätenhader hat auch hemmend und störend in
die Verwaltung eingegriffen, die, an sich reformbedürftig, durch
Rücksichtnahme auf nationale Ansprüche und Empfindlich-
keiten schwerfällig und überdies sehr kostspielig wurde. In
einer kleinen, aber inhaltsreichen und höchst beachtenswerten
Schrift haben Fr. M e i s e l und Ath. S p i e t h o f f[6]) ausein-
andergesetzt, welch große Steigerung der Ausgaben für un-
produktive Zwecke zugunsten einzelner Nationalitäten und
Länder in den letzten zwei Jahrzehnten stattgefunden hat, wie
der Widerstand der Regierungen gegenüber den Ansprüchen
der Parteien erlahmte. „Parteien- und Nationalitätenpolitik
heißen auch hier die Gewichte, die zu allen anderen Hemmungen
hinzutreten, um jeden Fortschritt zu erschweren, ja fast unmöglich zu machen." Höchst bemerkenswert ist die Konstatie-
rung der Verfasser, daß Österreich eine hohe Steuerkraft und
reichfließende Steuererträge hat. Das spricht für die gesunde
wirtschaftliche Kraft des Landes, und das glänzende Ergebnis
der dreifachen Kriegsanleihe in Österreich und in Ungarn wird
wohl das Märchen von unserer bitteren Armut kräftig wider-
legen. Glaubten doch unsere Gegner, daß Österreich-Ungarn
bei dem ersten Kanonenschuß auch wirtschaftlich und finanziell
zusammenbrechen werde. Schon vor Jahren habe ich in einer
zusammenfassenden Darstellung des Wirtschaftslebens von
Österreich-Ungarn[7]) diese falschen Anschauungen richtig-
zustellen versucht und nachdrücklich hervorgehoben, daß alle
Zweige des Wirtschaftslebens seit der Mitte des 19. Jahrhunderts
großen Aufschwung erfahren haben, die Landwirtschaft so gut
wie der Bergbau und das Hüttenwesen und nicht zumindest die
Industrie, die mit vielen ihrer Artikel sich einen Absatz in der
ganzen Welt gesichert hat. Dieser Struktur und dieser harmo-
nischen Entwicklung des Wirtschaftslebens, die nicht wie
anderswo einseitig nach der agrarischen und nicht einseitig
nach der industriellen oder kommerziellen Richtung gegangen
ist, verdanken wir es, daß wir durchhalten konnten, daß der
Plan der Gegner, uns durch Verhinderung aller Bezüge aus

6) Fr. M e i s e l und Ath. S p i e t h o f f, Österreichs Finanzen und der Krieg.
München und Leipzig, Duncker & Humblot, 1915.

7) H e i d e r i c h - S i e g e r, Geographie des Welthandels, I. Bd., S. 578 ff.
Frankfurt a. M., H. Keller, 1910.

dem Auslande wirtschaftlich niederzuringen, kläglich ge-
scheitert ist.

Sicherlich sind die Vorstellungen von einem nicht lebens-
fähigen Staate besonders durch die Schriften von Politikern,
geographischen Schriftstellern und Fachgelehrten gestützt worden, die der Monarchie jedweden geographischen Zusammenhang absprachen, sie als ein in die moderne Zeit hineinragendes
Relikt der Vergangenheit betrachteten und ihre Zukunft ver-
neinten. Diese Anschauungen sind so oft und an so vielen
Stellen wiederholt worden, daß sie schließlich von den meisten
als eine Selbstverständlichkeit hingenommen worden sind. Auch
der schwedische Nationalökonom R. K j e l l é n hat in seinem
sonst ganz vorzüglichen und mit Recht viel gelesenen Buche
über die Großmächte der Gegenwart[8]) sich diese Auffassung
zu eigen gemacht. Der Widerspruch, der besonders von österreichischen Geographen gegen die völlige Verkennung des natur-
gegebenen festen Gefüges und der inneren Lebenskräfte der
Monarchie erhoben wurde, fand wenig Beachtung; „man hat
sie wohl", sagt R. S i e g e r, „auf patriotische Befangenheit
zurückgeführt". In sachlicher und methodischer Hinsicht habe
ich wiederholt gegen die Überschätzung des orographisch-geo-
logischen Aufbaues für eine Lebensform, wie sie der Staat dar-
stellt, entschiedenen Einspruch erhoben[9]) und betont, daß allgemein die Auffassung, ein Staat ohne physische Einheitlichkeit
trage den Keim des Zerfalles in sich, unhaltbar ist. Noch
weniger ist sie aufrecht zu erhalten bei einem Staate, der wie
Österreich-Ungarn sehr guten geographischen Zusammenhang
zeigt und ein geradezu klassisches Beispiel für die staatsbildende
Kraft geographischer Faktoren bietet. Das hat R. S i e g e r in
einer durch den Kriegsausbruch angeregten vorzüglichen Publikation[10]) nochmals eingehend erörtert und es entfällt daher die
Notwendigkeit, hier darauf einzugehen; die Monarchie entbehrt
auch nicht, wie R. K j e l l é n meint, der für eine Großmacht
notwendigen Seele, des Persönlichkeitsgefühls. Die Seele hat
sich im Augenblicke der Gefahr in der kräftigen Bejahung des

---

[8]) Rud. Kjellén, Die Großmächte der Gegenwart. Übersetzt von C. Koch.
3. Aufl., Bd. 9. Leipzig und Wien, B. G. Teubner, 1914.

[9]) So in: Heiderich-Sieger, a. a. O., I. Bd., S. 29 und 263. Frankfurt a. M. 1910.

[10]) R. Sieger, Die geogr. Grundlagen a. a. O.

Staatsgedankens gezeigt. Der Staatsgedanke war weit mächtiger
als das „reine Nationalitätsprinzip". Die Völker haben zum
Ausdrucke gebracht, daß sie keine Sehnsucht nach fremder
Herrschaft haben, sondern im Rahmen der Monarchie ihre nationale und kulturelle Befriedigung finden. Damit fallen alle
gekünstelten Konstruktionen, die den Reichsbestand nur als
Notwendigkeit für andere, als „Pufferstaat", als „Riegel
zwischen Pangermanismus und Panslawismus", als „europäi-
sches Gesamtinteresse" hinstellen. Das Dasein und die geduldete
Existenzberechtigung für andere, das wäre den Völkern Österreich-Ungarns zu wenig; für diese Stellung als europäische
Wach- und Schließgesellschaft würden sie sich schön bedanken.
Der österreichisch-ungarische Staat hat vielmehr in dem oben
angedeuteten Sinne seine eigene Daseinsbegründung und Daseinsberechtigung, seine eigenen Ziele und Wege.

Was in den letzten Jahrzehnten unter dem hemmenden Einfluß innerpolitischer Schwierigkeiten gefehlt hat, war der Wille
zur Zusammenfassung aller reichen Kräfte der Monarchie zu
großen Aufgaben und Zielen, der Wille zur Macht. Man wird R.
K j e l l é n vollkommen in der Auffassung beipflichten, daß die
Großmacht prinzipiell ein mit reichlichen Machtmitteln ausgestatteter Wille zu größerer Macht ist. „Sie entstehen", führt
er weiter aus,[11] „und vergehen mit dem Willen zum Wachstume
selbst. Für sie gibt es nicht bloß einen leiblichen, sondern auch
einen geistigen Tod: die Resignation, das freiwillige Austreten
aus dem Wettstreite um die höchsten Ziele, das spontane Aufgeben der Ansprüche, sich an der politischen und kulturellen
Gestaltung der Menschheit zu beteiligen. Großmächte sterben
wie die Naturvölker aus Mangel an Willen zum Leben in höchster Fülle und Kraft." Die Monarchie hat in dem jetzigen
Kriege, der schwersten Heimsuchung, die jemals über sie gekommen ist, nicht nur den Willen zum Leben, sondern auch die
gesunde Kraft zur Fortentwicklung gezeigt. Aus der Not und
dem unvergleichlichen Heldentume heraus muß der Wille zur
Macht und zur Ausdehnung des Arbeitsfeldes über den ganzen
Planeten geboren werden. Nach Geschichte, Raumgröße, Zahl der
Bevölkerung, geistiger und materieller Kultur, nach der Möglichkeit militärischer Machtentwicklung wie auch nach der Summe

---

[11] R. Kjellén, a. a. O., S. 200.

der Erfahrungen, die Österreich-Ungarn in harter Schule erworben hat, ist die Monarchie berufen, mitzuwirken an dem Aufbau und Ausbau eines internationalen Rechtes, das über alle Verstimmungen und Kriegswirren hinaus unerschütterliche Geltung bewahrt und namentlich den freien Seeverkehr sichert, sie muß sich ihren Platz an der Sonne sichern und Raum für koloniale Betätigung gewinnen, vor allem aber ihren noch bescheidenen Anteil am Welthandel steigern und ihre Handelsflagge in alle Weltmeere tragen. Dieser Aufschwung ist mit der bestimmten Erkenntnis anzustreben, daß wirtschaftliche Stärke, militärische Schlagfertigkeit und politische Machtstellung eine unlösbare Einheit sind, und muß aus dem Willen zum Leben und zum Besserleben als bisher hervorgehen. Der Krieg hat neben schweren Blutopfern auch die Vernichtung unermeßlicher materieller Werte gebracht. Die Gesellschaft muß sich voll und ganz ihrer sozialen Pflichten für die Opfer des Krieges und deren Angehörigen bewußt werden. Für die restlose Erfüllung dieser Pflichten sowie für die allmähliche Beseitigung der materiellen Kriegsschäden sind ungeheure Mittel notwendig, die nur durch die intensivste wirtschaftliche Arbeit zu beschaffen sein werden; denn selbst für den Fall, als mit der Zahlung größerer Kriegsentschädigungen gerechnet werden sollte, wird sicherlich damit nur ein Teil der Schäden und Kosten ausgeglichen werden können.

II.

Wenn im Vorstehenden der Wille zur Macht gewünscht wurde, so muß doch erst die Frage aufgeworfen und befriedigend beantwortet werden, ob Österreich-Ungarn zur Aufnahme des wirtschaftlichen und politischen Großbetriebes auch die nötigen Mittel zur Verfügung stehen, ob nicht zu Großes und Hohes mit ungenügendem Betriebskapital vergeblich angestrebt wird. Was ist das Betriebskapital? Das Land und das Volk und die durch die geistige und materielle Kultur erworbenen Hilfsmittel. Das Wirtschaftsleben wurzelt in erster Linie in der Landesnatur, in den geographischen Faktoren, wie sie durch die Gesamtheit der Naturerscheinungen und Natureinflüsse, durch die Ausstattung eines Wirtschaftsgebietes in geologisch-pedologischer, morphologischer, klimatischer und floristisch-faunistischer Beziehung gegeben sind; von hoher Wichtigkeit sind auch die besonderen Einwirkungen der geographischen Lage. Ich habe schon einmal an anderer Stelle betont,[12]) daß das moderne Wirtschaftsleben mit seinen technischen Errungenschaften und seiner feingegliederten gemein- und privatwirtschaftlichen Organisation das Walten der Naturfaktoren zwar stark beeinflußt, aber diese sicherlich weder ausschalten will noch kann. „Ist doch die Wirtschaft in erster Linie ein Arbeiten m i t der Natur und erst in zweiter Reihe ein Kampf gegen sie. Die in der Technik und der Organisation zum Ausdrucke kommenden geistigen Produktivkräfte oder ‚kulturlichen‘ Momente äußern sich deshalb vornehmlich in einer immer besseren Auswertung der Naturgegebenheiten, der Naturkräfte und Naturschätze, und in einer immer besseren Abwehr der Naturbehinderungen. Stets bleibt aber die Natur, ob sie genutzt oder bekämpft wird, der wesentlichste Faktor des Wirtschaftsprozesses. Die kulturlichen Momente kommen nur in der Resultante des Kräftespieles, das an der Produktion und dem Verkehre beteiligt ist, stärker zum Ausdrucke als bei primitiver Kultur, wo die Naturfaktoren fast allein herrschend sind." Übrigens darf nicht außeracht gelassen werden, daß in dem Maße, als in Zukunft die Rationalisierung des Produktionsprozesses in allen Ländern der Erde in ein annähernd gleiches Stadium eingetreten sein wird, die örtlichen Naturgegebenheiten wieder für die verschiedenen Produktionszweige eine entscheidende Rolle spielen werden.

Selbstverständlich kommen im Wirtschaftsleben auch die anthropogeographischen Faktoren zur einschneidenden Geltung. Ist die physische Ausstattung eines Landes gleichsam das ihm von der Natur verliehene Pfund, so hängt dessen Auswertung nach Art, Umfang und Intensität doch ganz von dem Menschen und von seiner Kultur ab, und das durch fleißige Arbeit erworbene Volksvermögen eines Landes ist die Bilanz von dessen kulturgeschichtlicher Entwicklung. Ein Vergleich des physisch- und anthropogeographischen Inventars eines Landes mit der erreichten Höhe und Intensität der wirtschaftlichen Produktion und mit den entsprechenden Verhältnissen anderer Länder ergibt die Erkenntnis, ob ein Land bereits wirtschaftlich das Größtmöglichste leistet, ohne etwa durch Raubbau an Boden und Menschentum den dauernden

---

[12]) „Beiträge zur Wirtschaftsgeographie." Zeitschr. d. Ges. f. Erdkunde zu Berlin 1914, 7. Heft.

Bestand einer rationellen Wirtschaft zu untergraben. Die folgenden knappen Ausführungen sollen beweisen, daß Österreich-Ungarn zu den von Natur aus gut ausgestatteten und entwicklungsfähigen Ländern der Erde gehört.

Das wichtigste Kapital des Staates ist der Mensch. Aus der Größe der Bevölkerung ergibt sich das Maß der militärischen Machtmittel und der zur wirtschaftlichen Arbeit verfügbaren Kräfte. Der Raum (die Raumgröße) bedeutet noch nicht Machtstellung, sondern gibt höchstens, wenn er sich für Siedlung und Kultur eignet, Anwartschaft auf künftige Bedeutung. In Raumgröße wird die Monarchie, wenn die Kolonialstaaten zunächst nicht berücksichtigt werden, in Europa nur von Rußland, in Asien von China, Persien und der Türkei, in Afrika von Abessinien, in Amerika von den Vereinigten Staaten, von Mexiko, Kolumbia, Venezuela, Brasilien, Peru, Bolivia, Chile und Argentinien übertroffen. Werden die Kolonialgebiete zu den einzelnen Staaten hinzugerechnet, so besitzt Großbritannien einen Flächenraum, der 50 mal größer ist als Österreich-Ungarn, Rußland den 36 fachen, Frankreich, das mit seinen Kolonien die Vereinigten Staaten und auch Brasilien an Größe überragt, den 12 fachen, Deutschland, mit seinen Schutzgebieten etwa gleich groß wie Argentinien, den 4 fachen. Belgien, Portugal und die Niederlande sind in ihren überseeischen Besitzungen 3 mal größer als die Monarchie, Italien $2^1/_2$ mal, Spanien besitzt mit seinen Kolonien wenig mehr an Flächenraum als die Monarchie. Doch darf nicht übersehen werden, daß die meisten der genannten Staaten von ihren Kolonialgebieten allzustark an Fläche übertroffen werden: Großbritannien 100 mal, Belgien 80 mal, Niederlande 60 mal, Portugal und Frankreich 20 mal. Deutschland hat nur $^1/_4$, Rußland $^1/_3$ des Flächenraumes seiner Kolonien. Klein ist der Kolonialbesitz der Vereinigten Staaten, der von Spanien, Dänemark und Japan.

Österreich-Ungarn ging gegen Ende der Regierung Maria Theresias daran, Kolonien zu erwerben, und an zwei verkehrsgeographisch sehr wichtigen Plätzen waren bereits Niederlassungen begründet worden, an der Delagoabai in Afrika und in Mangalore an der Malabarküste Indiens, wo auch die Insel Balliapatam in Besitz genommen wurde. Bekannter ist, daß ein größeres Gebiet im Norden der Insel Sumatra und die Nikobaren damals zu unserem Besitz gehörten. Nach den napoleonischen Kriegen wurden alle Kräfte zur inneren Festigung zusammengefaßt. Der Gesichtskreis, der im 18. Jahrhundert durch die Gründung der levantinischen und ostindischen Handelskompagnie und durch Anbahnung lebhafter überseeischer Handelsbeziehungen planetarische Weite angenommen hatte, wurde immer begrenzter und kontinentaler. Der Geist des Kontinentalismus, der uninteressiert alles ablehnte, was außerhalb Europas vorging, gewann auf Staatsmänner, selbst auf einen Bismarck, beherrschenden Einfluß. Nur England, das dank seiner insularen Lage aus den napoleonischen Kriegen unversehrt und durch Raub der schutzlosen Kolonien bereichert hervorging, konnte planvoll an die Ausgestaltung seines Weltreiches schreiten, ohne daß ihm hiebei von den anderen Mächten und schon gar nicht von den Zentralstaaten größere Hindernisse bereitet worden wären. Seit den dreißiger Jahren des 19. Jahrhunderts hat sich Frankreich neuen Kolonialbesitz als Ersatz für den verlorengegangenen geschaffen, später folgten Belgien, Deutschland, Italien, die Vereinigten Staaten und Japan. Einige Beachtung verdient immerhin der kleine Kolonialbesitz unserer Monarchie in Ostasien, das österreichich-ungarische Settlement bei Tientsin. Da diese Stadt allein etwa 1 Million Einwohner zählt, übertrifft dieses Gebiet an Kaufkraft weite Gebiete der Balkanhalbinsel. Bei der Betrachtung der Auswanderung wird sich deutlich zeigen, daß unsere Monarchie durch die Expansionskraft der Bevölkerung zu kolonialer Betätigung sehr befähigt ist, wozu noch der hohe Stand und die große Leistungsfähigkeit der meisten Industrien berücksichtigt werden muß. An europäischen Verhältnissen gemessen ist Österreich-Ungarn groß an Raum und Bevölkerung, wie die folgende Tabelle zeigt.

Zunahme der Bevölkerung in einzelnen Staaten in % für Jahrzehnte.

(Geordnet nach dem Geburtenüberschuß 1901—1910.)

Staaten	Geburtenüberschuß				Tatsächlicher Zuwachs 1901—1910
	1871—1880	1881—1890	1891—1900	1901—1910	
Bulgarien	. .	. .	13·4	18·5	14·4
Serbien.	6·2	19·8	14·7	15·6	16·8
Australien (Konföderation) .	20·4	20·0	16·9	15·3	. .
Rußland	. .	. .	15·1	.	21·0
Niederlande	11·9	13·2	14·1	15·0	14·7
Deutsches Reich	11·9	11·7	13·9	14·3	15·2
Rumänien	3·7	13·9	11·4	14·0	15·3
Norwegen	14·0	13·9	14·0	12·9	7·7
England und Schottland .	{ 13·6	13·2	11·8	11·8 }	} 9·1
Irland	{ 8·1	5·4	4·8	5·9 }	
Italien	7·0	10·5	10·8	11·1	6·8
Österreich-Ungarn	. .	10·0	10·6	11·1	9·1
Österreich.	7·5	8·4	10·5	11·0	9·3
Ungarn.		11·5	10·7	11·1	8·5
Bosnien		. .	. .	16·0	21·0
Schweden	12·2	12·2	10·7	10·6	7·5
Schweiz	7·3	7·3	9·1	10·2	12·9
Belgien.	9·8	9·6	10·1	9·7	10·9
Vereinigte Staaten	8·5	6·9	7·2	7·2	. .
Frankreich	1·7	1·8	0·7	1·2	2·9

Flächeninhalte und Bevölkerung der europäischen Staaten.

Staaten	Fläche in Quadratkilometern	Bevölkerung in Millionen Einwohnern	Reihenfolge 1910	Relative Bevölkerung	Reihenfolge
Rußland	5,276.551	106·0	1.	20	16.
Österreich-Ungarn	676.061	51·4	3.	76	7.
Deutschland	540.858	64·9	2.	120	5.
Frankreich	536.464	39·6	5.	74	8.
Spanien	504.517	19·6	7.	39	14.
Schweden	410.354	5·5	12.	13·5	17.
Großbritannien .	313.649	45·2	4.	144	3.
Norwegen	309.633	2·4	18.	8	18.
Italien .	286.682	34·7	6.	121	4.
Rumänien	137.902	7·5	8.	55	11.
Griechenland .	120.060	4·7	13.	39	15.

S t a a t e n	Fläche in Quadrat- kilometern	Bevölke- rung in Millionen Einwohnern	Reihen- folge 1910	Relative Bevölke- rung	Reihen- folge
Bulgarien	114.077	4·7	14.	42	13.
Portugal	91.948	6·0	10.	65	10.
Serbien	87.300	4·6	15.	53	12.
Schweiz	41.298	3·8	16.	91	6.
Dänemark	38.969	2·8	17.	71	9.
Niederlande	34.186	5·9	11.	171	2.
Belgien	29.455	7·4	9.	252	1.

Die Auswanderung [13]) hat in Österreich-Ungarn viel später als anderswo angesetzt, aber dann riesigen Umfang angenommen. Im Durchschnitte der Jahre 1871—1880 betrug sie erst jährlich 10.000, der Jahre 1881—1900 etwa 40.000—45.000, 1901 schnellte sie auf 136.000 an, erreichte 1907 387.000 und hält sich seitdem auf durchschnittlich 250.000—310.000, davon etwa die Hälfte Ungarn. Unser Bevölkerungsverlust würde sich demnach in 4—5 Jahren auf mindestens eine Million stellen, wenn nicht auch eine Rückwanderung von 50.000—90.000 Menschen jährlich stattfände, die den Verlust etwas mildert. Die meisten unserer Auswanderer gehen nach den Vereinigten Staaten, etwa 20.000 bis 30.000 nach Kanada, nur etwa 10.000 nach Südamerika, besonders nach Argentinien und Brasilien. In welch schreckliches sozialpolitisches Milieu die Auswanderer in der Fremde kommen, das besagen uns verschiedene Berichte voll schauderhafter Einzelheiten und die große Zahl derer, die gebrochen an Körper und Geist zurückkehren. In Nordamerika kommen sie zwischen das rücksichtslos brutale Unternehmertum und die organisierte Arbeiterschaft; sie verkommen, um den Reichtum der Fremde zu mehren, in den Kohlengruben und Eisenwerken und müssen Waffen gegen die Heimat schmieden. In Kanada schmachten sie, die den Lockungen folgten, seit Jahresfrist in Gefangenenlagern.

Selbstverständlich wird man die Auswanderung nicht durch Polizeimaßregeln bekämpfen können, wenn letztere auch notwendig und begrüßenswert sind, um das niederträchtige Trei-

[13]) 2027. Beilage zu den stenographischen Protokollen des Abgeordnetenhauses, XXI. Session 1913. Österreichisches statistisches Jahrbuch XXXI. und XXXII. Jahrg. Wien 1913, 1914.

ben gewissenloser Auswanderungsagenten einzudämmen. Das
einzige radikale Mittel, um die leidige Auswanderungsfrage
zu erledigen, ist die Schaffung von genügenden Erwerbs-
möglichkeiten in der Heimat, und das ist nur durch Belebung des heimischen Wirtschaftslebens möglich. Deutschland,
das bei weit kleinerer Fläche 65 Millionen Einwohner zählt,
hat eine jährliche Auswanderung von nur 20.000—25.000
und dieser geringen Auswanderung steht eine viel größere Einwanderung und der Zugang von Saisonarbeitern für die Ernte-
arbeiten entgegen.

Zwischen der Binnenwanderung und der Auswanderung
nach Übersee steht die nach dem europäischen Ausland, für die
die statistischen Erhebungen ungenügend sind. Diese Auswanderung mag in manchen Jahren über 250.000—300.000 Personen
zählen, ist aber doch zu einem großen Teil nur Saisonwanderung.
Ungarn ist an letzterer in sehr geringem Maße, mit nur etwa
7%, beteiligt.

Da sich in beiden Staaten der Monarchie unschwer Gebiete
mit großen wirtschaftlichen Unterschieden erkennen lassen und
der wirtschaftliche Aufschwung in den einzelnen Teilen rasch
vor sich geht, vollzieht sich ein Austausch der Bevölkerung durch
eine Binnenwanderung, um die Erwerbsverhältnisse möglichst
auszugleichen. Es sind hauptsächlich die Großstädte und Industriegebiete, die die ärmere Bevölkerung aus Gegenden mit
geringerer Landwirtschaft anziehen.

Die Sudetenländer, die dichtest besiedelten in der Monarchie, haben eine starke natürliche Bevölkerungszunahme, die
nicht mehr in den lokalen Industrien und in der Landwirtschaft
Beschäftigung finden kann. Diese Gebiete stellen einen großen
Teil der Abwanderer, und besonders Angehörige der tschechi-
schen Nation streben aus der fruchtbaren landwirtschaftlichen
Mitte ihres Landes nicht bloß als billigere Arbeitskräfte in die
deutschen Grenzbezirke mit Industrien, sondern auch in die
Nachbarländer. Wien hatte in den früheren Jahrzehnten einen
besonders starken Zuzug von Tschechen zu verzeichnen, der im
letzten Jahrzehnt bei dem großen Aufschwung der eigenen Nation etwas nachließ. Die von Wilhelm H e c k e [14]) entworfenen

---

[14]) Vgl. Statistische Monatsschrift XIX. Jahrg. S. 653. Österreichisches
Statistisches Handbuch XXXII. 1914. Kartenbeilagen.

Kartogramme der Wanderbewegungen zeigen einen breiten Strei-
fen von der bayerischen Grenze quer durch Österreich bis an die
östliche Grenze, welcher Bevölkerung abgibt und in dem sich nur
wenige Anziehungsstätten, wie z. B. Mährisch-Ostrau, befinden.
In Ungarn ist die Binnenwanderung gleichfalls ziemlich
groß, 10 % der gesamten Bevölkerung wohnen in anderen Orten,
als wo sie geboren wurden. Es sind die Städte mit ihrer aufstre-
benden Industrie und auch neue in Kultur genommene Gebiete
zwischen Donau und Theiß, welche Bevölkerung anlocken, doch
ist die Anziehungskraft der Industrie bei weitem größer als die-
jenige der Gebiete mit Landwirtschaft. Im allgemeinen läßt sich
in Ungarn das Bestreben, die fruchtbaren Gegenden im Süden
und Südwesten aufzusuchen (neben dem allgemeinen Anziehungs-
punkt Budapest), leicht erkennen. Diesen Gebieten streben Wan-
derer von allen Seiten zu, doch ist die Abwanderung aus dem Osten
des Landes am geringsten. In Bosnien und der Herzegowina ist
durch das starke Zuströmen von Leuten aus Österreich und aus
Ungarn die konfessionelle Verteilung sehr merklich geändert
worden.

Hafenorte für österreichisch-ungarische Auswanderer.

	Triest	Fiume	Deutsche Häfen [1]	Ant-werpen	Holländ. Häfen [2]	Französ. und italien. Häfen [3]	Zu-sammen
Österreicher über:							
1909	7.773	328	86.285	23.012	6.463	5.947	129.808
1910	7.531	417	87.895	25.115	9.994	7.963	138.915
1911	8.415	286	47.763	20.013	9.295	6.096	91.868
1912	9.062	494	73.938	28.653	11.669	7.411	131.227
1913	13.394	587	121.941	32.354	17.356	8.830	194.462
Ungarn über:							
1909	4.729	36.824	61.641	11.387	6.527	8.177	129.337
1910	4.299	36.834	56.861	8.667	5.873	7.377	119.901
1911	2.379	18.532	39.008	6.534	4.187	3.014	73.654
1912	3.959	21.922	69.216	9.469	6.949	9.101	120.516
1913 .	4.345	20.847	69.208	7.939	9.312	6.350	119.159

[1] Hamburg und Bremen; letzterer Hafen wird bevorzugt.
[2] Fast ausschließlich Rotterdam.
[3] Italienischer Anteil sehr gering.

Wanderbewegung Österreichs.

	Gewinn (+) aus der ausländischen Zuwanderung; Verlust (−) durch Auswanderung.		Gewinn (+), Verlust (−) aus der Binnenwanderung, berechnet nach der Gebürtigkeit der Bevölkerung.	
	1891—1900	1901—1910	1900	1910
Alpenländer	+ 91.486	+ 98.706	+602.741	+654.518
Karstländer	− 40.814	− 49.937	− 15.270	+ 6.808
Sudetenländer	−170.192	−228.943	−522.768	+576.269
Karpathenländer .	−278.921	−503.256	− 64.703	− 85.057

Die Zunahme der Bevölkerung mit Berücksichtigung des Geburtenüberschusses und der Wanderbewegung ist für das Jahrzehnt 1901—1910 0·9 °/₀ im Jahr. Gegenüber dem früheren Jahrzehnt muß in beiden Reichshälften ein Rückgang festgestellt werden, der in Österreich für das Jahrzent 0·2, in Ungarn aber 2 °/₀ ausmacht. Tabelle S. 17 veranschaulicht die Zunahme der Bevölkerung in den einzelnen Staaten, unter denen die Monarchie die Mitte einnimmt, während bei Frankreich infolge der geringen Geburtenzahl von einem „sterbenden Vaterland" gesprochen werden kann. Die durchschnittliche Bevölkerungszunahme bleibt auch bei uns hinter der natürlichen zurück, weil eben die Auswanderung uns in der letzten Zeit jährlich Hunderttausende entzieht. Ohne diesen bedauerlichen Aderlaß würden wir die gleiche Volksvermehrung wie Deutschland und Rußland aufweisen. Die Auswanderung kann nicht ernst genug gewürdigt werden; sie nimmt uns Herzblut und muß unter einem ganz anderen Gesichtspunkte als die innerhalb der staatlichen Grenzen sich vollziehende B i n n e n w a n d e r u n g betrachtet werden, bei der bloß eine Umgruppierung der Bevölkerung, aber für den Staat kein Verlust an Menschenkraft stattfindet, wenn sie auch in einem polyglotten Staate durch Bildung rezenter Minoritäten in anderem Sprachtum manche Verlegenheit schafft. Anders die Auswanderung, die uns zumeist dauernd gesunde und kräftige Leute in den besten Lebensjahren entführt und demnach eine schwere Schädigung des Mutterlandes an Arbeitskraft und militärischer Schlagfertigkeit bedeutet. Dazu kommt der riesige Kapitalverlust nicht nur durch das, was die Auswanderer als

Erlös der in der Heimat veräußerten Habe mitnehmen, sondern auch durch den Kapitalswert der Auswanderer selbst, der in den Kosten ihres Unterhaltes, ihrer Erziehung und in ihrer Arbeitskraft, sowie ihren Fähigkeiten zum Ausdrucke kommt. Nur teilweise werden diese schweren Verluste wettgemacht durch Geldsendungen der Ausgewanderten an ihre in der Heimat zurückgebliebenen Verwandten. Gemildert können die Schäden der Auswanderung auch werden, wenn das Mutterland mit den Auswanderern in geistiger und materieller Fühlung

Nationalitäten und Konfessionen in Tausen-

	Österreich	Ungarn	Bosnien und Herzegowina
Deutsche	9.950	2.037	23
Magyaren	11	10.050	6
Tschechen	6.436	2.032	8
Polen	4.966	41	11
Ruthenen	3.519	473	7
Serbokroaten	783	2.940	1823
Slowenen	1.253	93	3
Rumänen		2.949	1
Italiener, Ladiner	768	33	
Andere und nicht erhobene	608	238	14
Römisch-katholisch.	22.530	10.888	434
Griechisch-katholisch.	3.419	2.026	8
Griechisch-orientalisch	667	2.987	825
Evangelisch A. B.	444	1.340	6
„ H. B.	144	2.621	1
Israeliten	1.314	923	12
Mohammedaner			612
Andere	51	92	

bleibt, bei ihnen seine Waren abzusetzen vermag, und wenn es durch die Beförderung der Auswanderer auf Schiffen eigener Flagge den heimischen Schiffahrtsgesellschaften gesteigerte Einnahmen sichert. Das ist bei uns gar nicht oder nur in sehr bescheidenem Maße der Fall. Seit 1911 ist die Bedeutung Triests als Auswandererhafen gestiegen. Die Zahl der Auswanderer anderer Staaten über Triest übertraf in diesem Jahre die Österreichs und im Jahre 1913 war die Zahl der fremden Auswanderer über diesen Hafen doppelt so groß als die unserer Landsleute.

den von Einwohnern und in Prozenten.

Zusammen	1910	1910			1880		
	Zusammen	Österreich	Ungarn	Bosnien	Österreich	Ungarn	Bosnien
	in Prozenten	in Prozenten			in Prozenten		
12.011	23	$35\frac{1}{2}$	10		$36\frac{3}{4}$	$12\frac{1}{2}$	
10.068	20		48			41	
8.465	16	23	$9\frac{1}{2}$		$23\frac{3}{4}$	12	
5.019	10	$17\frac{3}{4}$			13		
3.999	8	$12\frac{1}{2}$	$2\frac{1}{2}$		15	2	
5.546	11	3	14		$2\frac{1}{2}$	15	
1.349	$2\frac{1}{2}$	$4\frac{1}{2}$				$\frac{1}{2}$	
3.225	6	1	14		1	$15\frac{1}{2}$	
804	$1\frac{1}{2}$	$2\frac{3}{4}$			3		
860	2		$1\frac{1}{2}$			$1\frac{1}{2}$	
				Bosnien			Bosnien
33.852	66	79	52	23	80	50	18
5.453	11	12	10		11	10	
4.480	9	2	14	43		16	43
1.790	$3\frac{1}{2}$	$1\frac{1}{2}$	6		1	7	
2.766	$5\frac{1}{2}$	$\frac{1}{2}$	13		$\frac{1}{2}$	13	
2.258	4	$4\frac{1}{2}$	5	1	$4\frac{1}{2}$	4	
614	1	$\Big\}\,\frac{1}{2}$		32	$\Big\}\,1$		39
143				1			

Über die nationale und konfessionelle Gliederung der Bevölkerung der Monarchie, über die geschichtlichen Vorgänge und
geographischen Grundlagen, die zu ihrer heutigen Verteilung
geführt haben, sowie über die daraus erwachsenen innerpoli-
tischen und außerpolitischen Schwierigkeiten hat R. S i e g e r
eine ausführliche Darstellung [15]) gebracht, der kaum etwas hin-
zuzufügen ist. Er hebt hervor, daß weder das Zahlenverhältnis
noch die geographische Lagerung der Völker der Monarchie
irgend einem Volke die sichere Grundlage für eine ausgespro-
chene Führerstellung gibt und daß in dieser Beziehung zweifellos die Lage der Magyaren innerhalb des ungarischen Staats-
körpers eine bessere ist als die der Deutschen in Österreich.
Unrüttelbar besteht die Tatsache, daß zwar die Slawen in
Österreich-Ungarn die Mehrheit ausmachen, daß sie aber kein
einheitliches Volk, sondern eine Völkergruppe ohne innerliche
sprachliche und kulturelle Einheit bilden und überdies durch den
dazwischen gelagerten deutsch-magyarischen Block in eine
Nord- und Südgruppe geteilt sind,[16]) anderseits darf nie die
Erkenntnis verloren gehen, daß deutsche Arbeit das Reich geschaffen und unter treuer und verständnisvoller Mitwirkung
der anderen, für die abendländische Kultur gewonnenen Völkerschaften in allen Stürmen gehalten hat. Die Staatstreue, die die
Völker der Monarchie in dem jetzigen Weltbrande bewiesen
haben, muß nach dem Kriege den Weg zur völligen Verständigung ebnen. Kein Volk, das in dem Augenblicke höchster
Gefahr treu zu Kaiser und Reich gehalten, darf in Verdrossen-
heit und Verbitterung getrieben werden, in der es vielleicht
meint, für ein seinen nationalen und kulturellen Interessen
feindliches Staatstum das Blut vergossen zu haben. Fr. N a u -
m a n n, der so warm und überzeugend für die Schaffung eines

---

[15]) R. S i e g e r, a. a. O., S. 22 ff.

[16]) Im großen und ganzen sind die Sprachgrenzen historisch begründet
und werden durch die nationalen Reibungen in den letzten Jahrzenten nur
wenig verändert. In Österreich sowohl wie in Ungarn muß aber eine langsamere
Vermehrung der Deutschen gegenüber den anderen großen Nationen festgestellt
werden. In den Verhältniszahlen für die Konfessionen zeigt die Monarchie
wie Europa überhaupt einen Rückgang des römischen Katholizismus. Nur
in Bosnien und der Herzegowina zeigt sich eine starke Vermehrung desselben,
weil zahlreiche Muhammedaner ins Ausland zogen und römische Katholiken
aus den anderen Teilen der Monarchie zuwanderten.

großen, freien mitteleuropäischen Staatenverbandes eintritt, sagt sehr zutreffend,[17]) daß uns der Krieg gelehrt haben muß: „staatserhaltende Nachgiebigkeit in allen Dingen, die ohne Staatsgefahr gewährt werden können! Überall, überall in Mitteleuropa ist eine freundlichere Denkweise über nationale Minderheiten dringend nötig. Das muß recht eigentlich der Geist unseres mitteleuropäischen Staatsverbandes sein, wenn dieser überhaupt etwas Gedeihliches werden soll. Es muß viel mehr sachlicher, fühlbarer Liberalismus auch über Sprachengrenzen hinaus vorhanden sein! Es muß die Oberhand gewinnen, wenn wir nicht am Nationalitätenstreit verbluten sollen." In beiden Staaten der Monarchie werden Regierungen und Parteien ehrlich bemüht sein müssen, abseits von den Zielen blinden Chauvinismus den Weg zu einer ehrlichen Verständigung der Nationen zu bahnen, keiner zum Schaden und allen zum Nutzen. Speziell in Österreich wird die gesetzliche Festlegung der deutschen Sprache, die bereits allgemeine Verkehrssprache und Verständigungsmittel der Nationen geworden ist, zur Staatssprache nicht aufzuschieben sein. Dadurch wird keine Nation in ihrer nationalen Existenz und Sicherheit beeinträchtigt.

Nicht zu übersehen ist, daß die nationale Gliederung der Monarchie für das Wirtschaftsleben die wertvollsten Antriebe bieten könnte, wenn man den verschiedenen Völkern eigentümliche Fähigkeiten und Neigungen für bestimmte Zweige des wirtschaftlichen Lebens großzügig und planmäßig weiterbildete und zu höheren Leistungen nach Quantität und Qualität emporheben würde. Dazu ist aber eine Hebung des allgemeinen Bildungsniveaus erforderlich, denn wie ich es schon früher ausgesprochen habe,[18]) bedeutet erhöhte Bildung erhöhte Brauchbarkeit und Anpassungsfähigkeit an die Wünsche und Bedürfnisse des inneren und auswärtigen Marktes, sie bedeutet aber auch Selbständigkeit des Urteils, Bekämpfung der Massensuggestion und der Herdeninstinkte. Die erschreckend hohen Ziffern des Analphabetismus in vielen Landesteilen der Monarchie sind eine heftige Anklage gegen einen Kulturstaat.[19]) Es

---

[17]) Fr. Naumann, a. a. O., S. 92.

[18]) Heiderich-Sieger, Geogr. des Welthandels, I. Bd., S. 580.

[19]) Für die Hebung der Volksbildung ist in der Monarchie in den letzten Jahrzehnten manches geschehen. Gesetze regeln den Schulbesuch und jede Gemeinde mit 30 schulpflichtigen Kindern muß eine Schule errichten. Die Zahl

muß uns überhaupt die Erkenntnis in Fleisch und Blut über-
gehen, daß der wichtigste Teil des Volksvermögens eines Landes die geistigen Aktionsmittel sind, daß die geistige Kraft
das sozial aktivste Element des modernen Gesellschaftskörpers
ist und daß, wo sie fehlt oder zurückgedrängt wird, keine Fortentwicklung zu erwarten ist. Wer als Lehrer in Schulen verschiedener Kategorien ein aus allen Völkern der Monarchie zu-
sammengesetztes Schülermaterial kennen gelernt hat, ist er-
staunt über die Fülle von geistigen Produktivkräften, die in

---

der niederen Schulen und der Lehrenden gewährleisten die Verwirklichung
der angestrebten Ziele. Die einzelnen Nationen haben sich aber die Vorteile
der nötigen Bildung nicht in gleicher Weise zunutze gemacht. Die beste
Volksschulbildung haben Deutsche und Tschechen, die nur 3% Analphabeten
ausweisen, während gegen Süden und Osten die Zahl der des Lesens und
Schreibens Unkundigen zunimmt. Bei den Italienern wurden 10%, bei den
Slowenen 15%, bei den Magyaren 25% und bei den Polen 27% erhoben.
Noch weiter zurück sind die Rumänen mit 60%, Ruthenen mit 61% und
Serbokroaten mit 64—88% Analphabeten.

Volksschulwesen.

| | | Zahl der | | Auf — km² | 1 Schule auf — Be- | 1 Volks- schüler auf | Lehrer- bildungs- |
		Schulen	Lehrenden	1 Schule	wohner	— Bewohner	anstalten
Österreich	1912	23.247	107.379	13	1250	6	151
	1882	16.915	51.171	18	1300	9	70
Ungarn	1912	19.521	49.150	17	1050	7	96
	1882	17.257	24.782	19	920	11	74
Bosnien	1912	529	1.051	99	3715	40	3

Analphabeten in Prozenten.

	1880	1890	1900	1910
Österreich - Ungarn	44	36	31	24
Österreich	34	30	24	17
Ungarn	52	46	40	33
Bosnien und Herzegowina				88
Italien	62		49	38
Frankreich	30			14
Belgien	34	27	19	13
Deutschland				5
Vereinigte Staaten (weiße Bevölkerung)	9.4		6.2	5

Dagegen Griechenland 60%, Spanien, Portugal, Rußland 70%, Serbien 80%.

diesem alten Völkerreiche schlummern, er weiß, daß die Jugend Österreich-Ungarns keiner anderen an geistigen Fähigkeiten, Fleiß und ernstem Streben nachsteht. Notwendig ist es, diese Fähigkeiten auf Bahnen zu bringen, wo sie zum Nutzen des Vaterlandes materielle Werte schaffen können. Wir leben nicht in Wolkenkuckucksheim, sondern in einer real-irdischen Welt, in der, um zu leben, Einzelindividuum und Staat tüchtig schaffen müssen. Planvoll und zielbewußt und ohne schematisierenden Formalismus muß unser Fachschulwesen[20]) jeder Richtung und jeder Kategorie ausgestaltet werden; seine Krönung findet es in den landwirtschaftlichen, technischen und kommerziellen hohen Schulen, die gleiche Förderung und Berücksichtigung wie die älteren Universitäten erheischen; sie sind Kriegsakademien, aus welchen der Generalstab für unser Wirtschaftsleben hervorgeht, „Denkeranstalten mit Verwirklichungszwecken", wie sie Fr. N a u m a n n nennt.[21]) Durch den Einblick, welchen weite Kreise der Bevölkerung durch allgemeine und fachliche Bildung in die Gesamtheit des Wirtschaftslebens und in dessen Einzelheiten gewinnen werden, wird eine bessere Kontrolle und eine rücksichtslose Bekämpfung von Erscheinungen ansetzen, die mit Hintansetzung aller bürgerlichen Moralbegriffe die Gesamtheit schädigen.

III.

Wie in anthropogeographischer, gehört auch in physisch-geographischer Hinsicht Österreich-Ungarn zu den gut ausgestatteten Ländern der Erde. Das Klima, das für das Wirtschaftsleben im allgemeinen und ganz besonders für die Landwirtschaft eine entscheidende Rolle spielt, ist im großen und ganzen maßvoll und frei von schädlichen Extremen. Hier findet ein allmählicher Übergang von dem ozeanischen Klima Westeuropas zu

---

[20]) Einen Überblick über das Fachschulwesen der Monarchie gibt eine im geographischen Institut der Exportakademie entstandene und demnächst zur Ausgabe gelangende Karte von Dr. O. Wurst. Wirtschaftsgeographische Karten und Abhandlungen zur Wirtschaftskunde von Österreich-Ungarn. Herausgegeben von Prof. Dr. Franz Heiderich. Nr. 3 Wien 1916.

[21]) Fr. N a u m a n n, a. a. O., S. 110.

dem kontinentalen Osteuropas statt, der sich in einer Min-
derung der Niederschläge und in einer Verschärfung der
sommerlichen und winterlichen Extreme äußert. Die über das
ganze Jahr verteilten, durch die vorherrschenden Westwinde
bedingten Niederschläge sind am reichlichsten im Sommer, nur
im ungarischen Tieflande treten sie im Frühsommer auf, und
der heiße Spätsommer ist dort sehr trocken, so daß es zu echter
Steppenbildung kommt. Die Gebirge haben durch die Abnahme
der Temperatur mit der vertikalen Erhebung wie durch gesteigerte Niederschläge (namentlich in den randlichen Teilen)
etwas anderen klimatischen Charakter. In Ostgalizien gelangt
man bereits in den Bereich des osteuropäischen Klimagebietes,
wie anderseits Südtirol und der Küstenstreifen der Adria in das
Mediterranklima hineinreichen, das durch höhere Wärme und
sommerliche Trockenheit charakterisiert ist. So gibt das Klima
der Monarchie die verschiedensten Vegetationsbedingungen und
es treffen sich auf ihrem Boden drei Florengebiete: das mitteleuropäische oder baltische mit dem pontischen und dem
mediterranen. Ersteres ist von Natur aus ein Waldgebiet und
hier hat sich auch noch stattliches Waldland erhalten. Das pon-
tische Florengebiet kann als Gebiet eines Grasflurklimas bezeichnet werden, in dem der Wald ganz zurücktritt. Das
mediterrane Klimagebiet charakterisiert sich gleichfalls durch
Zurücktreten des Waldes, dann durch Vorherrschen immer-
grüner Buschwälder (Macchia) und durch die Olivenkultur.
Durch die Kulturarbeit des Menschen ist das natürliche Pflanzenkleid zugunsten der Kulturpflanzen zurückgedrängt und
geändert worden, selbst der Wald hat vielfach andere Zusammensetzung erhalten, an Stelle des Naturwaldes ist der Forst ge-
treten. Aber alle Veränderungen sind doch in den Rahmen der
gegebenen klimatischen Verhältnisse eingespannt und neben
den Kulturpflanzen beherrscht das ursprüngliche Pflanzenkleid
das Landschaftsbild.

Der Getreidebau findet in der Monarchie günstige klimatische Bedingungen, die günstigsten in den natürlichen
Steppenländern des ungarischen Tieflandes und der podolischen Platte, denn die Getreidegräser sind fast durchaus Kinder der Steppe. Aber auch im baltischen Florengebiet
hat er auf den natürlichen Lichtungen und im Waldlande
Flächen erobert und ständig vergrößert. Er ist in das Gebirge

eingedrungen und die Täler hinaufgestiegen, am höchsten die
Gerste, die sich mit der kürzesten Vegetationszeit zufrieden
gibt. Im allgemeinen herrscht im Westen der Monarchie der
Roggen-, Hafer- und Gerstebau vor, auf der podolischen Platte,
in Ungarn und den Karstländern der Weizen- und Maisbau.
Überall hin ist die in ihren klimatischen Ansprüchen höchst
bescheidene Kartoffel gedrungen, und auch die eine wichtige
Nahrungsergänzung der Zerealien bildenden Hülsenfrüchte
sind allgemein verbreitet und decken vollständig den heimischen Bedarf. Die an Boden und Klima sehr hohe Ansprüche
stellende Zuckerrübe, die vor allem ein mittleres Maß von Feuch-
tigkeit und Wärme braucht, hat namentlich in den Sudetenländern zusagende Vegetationsbedingungen gefunden. Der
Tabakbau hat in Südtirol, Ungarn und Bosnien, der Hopfenbau
in Böhmen und Steiermark die günstigsten klimatischen Produktionsbedingungen. Der feuchte Wärme verlangende Flachs
wird mehr in Österreich, vor allem in den Sudetenländern und
in Tirol, der mehr trockene, warme Lagen liebende Hanf mehr
in Ungarn kultiviert. Der Obstbau ist allgemein verbreitet und
findet namentlich um Bozen, Leitmeritz und in Südsteiermark
überaus günstige klimatische Bedingungen, die die Gewin-
nung von Qualitätsobst ermöglichen, das auch in Ungarn zu
erhalten wäre. Speziell die adriatischen Küstenstriche würden sich für die Kultur von Frühgemüse und für Blumen-
zucht eignen, wie dort auch der Weinbau und die Olivenkultur eine nachdrückliche Förderung erheischen. Der
Weinbau bleibt eigentlich nur den außerkarpathischen Ländern
fern, kämpft aber doch vielfach mit klimatischen Schwierigkeiten. Wie die reichlichen Niederschläge des Gebirges die
Bedingungen für das ausgedehnte Waldland geben, so auch für
das teilweise erst durch Rodung geschaffene üppige Grasland, das ein natürliches Produktionsgebiet für eine blühende
Viehzucht gibt.

Der orographisch-geologische Aufbau der Monarchie
schafft gleichfalls eine Mannigfaltigkeit von Landschaftsbildern
und eine Fülle von Wirtschaftsbedingungen. Schon die
äußerlichen Maße des Reliefs, die vertikale Erhebung und
die Neigungen, bilden Erschwerungen der Produktion und
des Verkehrs. Wie sich diese im besonderen für den Verkehr in Österreich-Ungarn äußern, ist bereits an anderer

Stelle ausführlich darzustellen versucht worden.[22]) Da die
Höhenlage der dauernden Siedlungen der Monarchie zwischen
0—1900 m schwankt, geht der die Siedlungen verknüpfende
Verkehr bis zur obersten Ortschaftengrenze, führt vereinzelt
sogar in der Überwindung von Pässen und Jochen recht be-
trächtlich darüber hinaus, und zwar nicht nur auf schlechten
Wegen und mühsamen Saumpfaden, sondern auch auf kunstvoll
gebauten und gut gehaltenen Straßen. Die bedeutenden Höhen,
welche im besonderen die Bahnen in vielen Landesteilen der
österreichisch-ungarischen Monarchie erklimmen müssen, erfor-
dern kostspielige Tunnelbauten, beträchtliche Steigungen und
Kurven der Trassenführung. Dadurch werden die im inneren.
geologisch-tektonischen Aufbau des Gebirges liegenden Schwierigkeiten des Bahnbaues wie die Baukosten noch erhöht und
der Betrieb auf den Gebirgsstrecken durch die größere Kapitals-
anlage, die stärkere Abnutzung des rollenden Materials und den
gesteigerten Kohlenverbrauch verteuert, überdies aber auch die
Geschwindigkeit verlangsamt. Welche Fülle von Erschwerungen
und welch erhöhter Aufwand an Kosten und Arbeitsleistung
kommt in den Ziffern zum Ausdrucke, die besagen, daß auf der
Südbahnstrecke Wien — Semmering — Laibach — Triest die
Summe des Steigens 1176 m, des Fallens 1380 m, zusammen 2556 m
beträgt, auf der Strecke Salzburg—Bischofshofen—Gastein—
Villach—Rosenbach—Aßling—Görz—Triest die Gesamtziffer
des Steigens 1258 m, des Abstieges 1680 m, zusammen 2938 m!
    Wie der geologisch-tektonische Aufbau die Verteilung der
Mineralschätze bedingt, so ist für die Vegetation, den Ackerbau
und die menschliche Siedlung die oberste, dünne Krume der
Erdoberfläche, der Boden im engeren Sinne das Entscheidende.
Erst dieser Boden, der sich aus chemischen und mechanischen
Verwitterungsprodukten, Pflanzen- und Tierresten zusammen-
setzt und zum Teil unter Mitwirkung von Bakterien, Regen-
würmern, Ameisen u. dgl. entstanden ist, ermöglich organisches
Leben. Der bloße Felsboden ist ganz unfruchtbar. Neben den
jenseits der Vegetationsgrenzen liegenden Hochregionen und
einigen versumpften Tieflandgebieten zeigen nur die vorwiegend der mesozoischen Formationsgruppe angehörigen Kalk-

---

[22]) F. Heiderich, Verkehrsgeograph. Studien zu einer Isochronenkarte
der österr.-ungar. Monarchie, S. 27 ff. Publikationen der Exportakademie 1912.

steine unproduktiven Charakter.[23]) Aber auch in letzteren sind
vielfach schiefrige und mergelige Gesteinsbänke eingelagert,
die landwirtschaftliche Produktionsmöglichkeiten bieten, und
im Karstgebiete gibt überdies der in Dolinen und Poljen zu-
sammengeschwemmte rote Lehm, der als Rückstand bei der
Auflösung des Kalksteines verbleibt, die Möglichkeit einer bescheidenen Bodenkultur.

Im übrigen sind die Bodenarten für die Bodenkultur sehr
günstig, hier für den Feld-, Wein-, Gartenbau, dort wieder für
Grasland und Wald. Die lockeren Verwitterungslehme, welche
auf den Gesteinen der archäischen Formation, vorwiegend auf
Granit, Gneis und alten Schiefergesteinen, entstehen, bilden
einen recht guten Ackerboden, namentlich dort, wo sie infolge
geringerer Terrainneigungen (Sudetenländer) eine größere
Tiefgründigkeit haben. Der der jüngeren Kreide- und der
älteren Tertiärformation angehörige Flyschsandstein ist in
breiterer und schmälerer Zone am Nord- und Südrande der
Alpen vorhanden, erreicht aber viel größere Ausdehnung in den
Karpathen, wo er sich zwischen die kristallinischen Stöcke der
Westkarpathen und des siebenbürgischen Erzgebirges ein-
zwängt, in den Waldkarpathen aber fast alleinherrschend wird.
Der Flyschsandstein gibt einen der Vegetation nicht ungün-
stigen Lehm, nur die erhöhte Neigung zu Abstürzen und Rut-
schungen beeinträchtigt etwas seinen wirtschaftlichen Wert.
Zumeist werden die Sandsteingehänge von dichten Wäldern bedeckt und viel weniger dienen sie dem Ackerbau. Große Ausdehnung haben die Kreideablagerungen im Elbegebiet; sie bestehen hier zum Teil aus sterilen, nur für Nadelholzwaldungen

---

[23]) Aufteilung des Bodens in °/oo der Gesamtfläche.

	Ackerland	Garten- und Weinland	Wiesen und Weiden	Wald	Unproduk- tives Land	In Land- u. Forstwirtsch. tätige Perso- nen (in °/oo)
Österreich	354	20	247	327	50	580
Ungarn	431	23	219	273	52	680
Bosnien	242	13	81	498	166	870
Deutsches Reich	486	2	160	259	93	350
Frankreich .	563	31	105	158	143	430
Italien	399	63	250	157	131	590
Großbritannien .	253		517	40	190	120
Belgien	426		274	177	115	230
Rußland .	262		159	388	191	

noch geeigneten Quadersandsteinen, zum Teil aber aus mer-
gelig-kalkigen Ablagerungen (Plänerkalk), die einen sehr
fruchtbaren Ackerboden bilden. Die Ablagerungen der jüngeren Formationen, Tertiär, Diluvium und Alluvium, erweisen
sich schon durch ihre größere Lockerheit dem Bodenbau geeig-
neter als die meisten Gesteine der älteren Formationen. Selbst
die da und dort in großer Ausdehnung auftretenden Schotter-
ablagerungen (z. B. auf dem Alpenvorlande) sind zumeist von
einer für die Bodenkultur noch hinreichenden Lehmlage bedeckt. Am günstigsten für die Bodenkultur sind die häufigen
Lettenböden und der in großer Ausdehnung auftretende Löß.
Er hat seine Hauptverbreitung im ungarischen Tieflande, aber
auch auf dem Alpen- und dem galizischen Karpathenvorlande;
im March- und Elbegebiet nimmt er große Flächen ein und
bedeckt in bedeutender Mächtigkeit ältere Gesteine. Im großen
und ganzen ist Österreich-Ungarn in der für die Landwirtschaft
wichtigen Bodenausstattung begünstigter als die meisten europäischen Staaten; es wird hierin nur von dem südlichen Rußland und den unteren Donaustaaten übertroffen. Dringend notwendig erscheint eine systematische und von der Verwaltung
großzügig organisierte pedologische Bodenaufnahme, auf Grund
deren die landwirtschaftlichen Produktionsmöglichkeiten und
die Entscheidungen für eine Bodenverbesserung gefaßt werden
könnten.

Die erdgeschichtlichen Prozesse, die das heutige Relief
der Monarchie geschaffen haben, bewirkten auch die reiche
Ausstattung mit Mineralschätzen verschiedenster Art. Namentlich die beträchtliche Ausdehnung von Gesteinen älterer Formationen, die immer vor jüngeren den Vorzug reicherer Erz-
und Kohlenvorkommnisse haben, und ganz besonders die in
dieser Hinsicht in erster Linie zur Geltung kommenden paläozoischen Formationen, sichern der Monarchie einen wirtschaftlichen Vorsprung vor den meisten europäischen Staaten, so daß
sie an Größe und Wert der mineralischen Gesamtproduktion
nur von Großbritannien und Deutschland übertroffen wird.
Die archäischen und paläozoischen Formationsgruppen, die besonders auf der böhmischen Masse und in den Zentralalpen,
weniger im oberungarischen, siebenbürgischen und ostbos-
nischen Berglande das Landschaftsbild charakterisieren, sind
reich an Eisen- und Bleierzen und an Steinkohle; die reichsten

Steinkohlenlager liegen im Ostrau-Karwiner Revier in Karbonschichten, die zum Teil durch jüngere Sedimente bedeckt sind.

Die mesozoische Formationsgruppe, die in den nördlichen und südlichen Kalkalpen und im dinarischen Karstlande zu beherrschender Geltung kommt, aber sich auch im schlesisch-polnischen Hügellande, in Oberungarn, Siebenbürgen und im böhmischen Elbebecken findet, ist neben Blei- und Zinkerzvorkommnissen (Kärnten und schlesisch-polnisches Hügelland) besonders ausgezeichnet durch die krainischen Quecksilberfunde sowie durch die alpenländischen Salzlager (bei Aussee, Hallstatt, Hallein und Hall); sie entbehrt auch nicht der Steinkohle, die sich neben einigen kleineren Lagern in den Alpen noch in größerer Menge in Steierdorf-Anina und Fünfkirchen findet. Die Tertiärformation, deren Ablagerungen die weiten Einbruchsgebiete der Monarchie erfüllen, ist in ihrem hohen wirtschaftlichen Wert bestimmt durch das reiche Vorkommen von Braunkohle (am meisten im Egergraben) und durch die Salz- und Petroleumlager am äußeren Karpathenrande. Überwältigend ist der Reichtum der Monarchie an Bau-, Werk- und Dekorationssteinen, von den Graniten und kristallinischen Kalken der ältesten Formationen bis zum jungtertiären Leithakalk, dem Baustein von Wien, und den allerorten vorhandenen Tegel- und tonigen Ablagerungen, die das Material für die Ziegelfabrikation geben, wie wieder manche Mergelschichten vortrefflichen hydraulischen Kalk und Zement liefern. Hohen Wert haben die reichen, aus der Verwitterung des Granits entstandenen Kaolinlager der Karlsbader Gegend, die Magnesitlager von Obersteiermark und Kärnten, das Vorkommen des Radiums in der Uranerzgrube zu St. Joachimstal, die Graphitvorkommnisse in den Alpen und auf dem böhmischen Massiv, die Gips- und Asphaltlager und viele andere. Diese Naturschätze mußten zu einem lebhaften Bergbau führen. Dieser hat seine Anfänge bereits in der prähistorischen Zeit; die moderne Technik und Organisation der Arbeit hat ihn und den damit verknüpften Hüttenbetrieb aus kleinbetrieblicher Form zu einer mit riesigem Kapital arbeitenden Großindustrie übergeführt. Der Wert des gesamten Bergbau- und Hüttenbetriebes stellte sich 1912 auf 750 Millionen Kronen; er hat sich binnen 15 Jahren vervierfacht.

	Wert in Mill K	
	1912	1867
Österreich	562	118
Ungarn	168	55
Bosnien　.	20	7?
Gesamt	750	180

Die Monarchie ist mit der heutigen Produktion noch weit von der Grenze der Leistungsfähigkeit entfernt. Sehr wünschenswert ist eine staatlicherseits in Angriff zu nehmende oder doch zu fördernde systematische und planmäßige Durchforschung der Erdrinde nach nutzbaren Mineralien und ernstliche Erwägung von Fall zu Fall, ob nicht die an vielen Orten unter dem ersten Ansturm überseeischer Konkurrenz zum Stillstand gekommenen Bergbaubetriebe wieder mit den neuesten technischen Hilfsmitteln zu neuem Leben zu erwecken wären.

Am besten läßt sich die gute Ausstattung der Monarchie an Mineralschätzen erkennen durch Vergleich der Produktionsmenge einiger wichtiger Bergbau- und Hüttenprodukte mit der anderer Staaten. Zunächst sei der Kohle und des Eisens gedacht, die die Träger und Stützen unserer modernen materiellen Kultur bilden. In der Weltgewinnung von Kohle steht Österreich-Ungarn an vierter Stelle. Doch überwiegt die Braunkohle, von der neben der Deckung des Innenbedarfes noch für 70—90 Millionen Kronen an das Ausland (fast ausschließlich an Deutschland) abgegeben werden kann, während an Steinkohle der Bedarf durch starke Einfuhr gedeckt werden muß, etwa 170 Millionen Kronen, so daß im gesamten Kohlenverkehr eine Passivziffer von 80—100 Millionen Kronen erübrigt. Es muß jedoch ausdrücklich betont werden, daß die wahrscheinlichen Vorräte an Steinkohle sehr erheblich größer sind als die von Braunkohle. Und wenn auch einige Kohlenlager bei gleichbleibendem jährlichen Abbau ihrer Erschöpfung entgegensehen, so sind doch in Österreich noch für viele Jahrhunderte Kohlen vorhanden. Unter den Staaten Europas gehören die Steinkohlenvorräte Österreichs zu den größten, die nur von jenen Deutschlands, Englands und Rußlands übertroffen werden.[24]

[24] The Coal of the World. 3 Volumes and Atlas of maps. Toronto 1913. Band II enthält die besonders sorgfältigen Untersuchungen W. Petrascheks über Österreich.

Die Monarchie ist verhältnismäßig reich an Eisenerzen.[25]) Eisenerzlager finden sich bei uns leider nur selten in der unmittelbaren Nähe der Stätten der Kohlengewinnung, wodurch die Roheisenerzeugung einigermaßen behindert ist. Der Eisengehalt unserer Erze ist ein mittlerer; er ist niedriger wie der der schwedischen Erze und höher als der der lothringischen und luxemburgischen. Das wichtigste Eisenerzvorkommen in der Monarchie ist der Erzberg bei Eisenerz in Steiermark, der zwei Drittel der österreichischen Erzförderung im Jahre liefert, während ein Drittel von dem Nučicer bei Kladno in Böhmen stammt. Der Kärntner Erzberg wird aus Gründen der Preisbildung und zugleich als mächtige Reserve derzeit nicht abgebaut. Ungarn liefert Eisenerze im oberungarischen Bergland, im Biharer Gebirge, im siebenbürgischen Komitat Hunyad und im Banater Gebirge. Bosnien besitzt im östlichen Teile Eisenerzlager, die aber

Die Erzeugung von Roheisen, Kupfer und Blei, ferner die Erdölgewinnung

(Mittel 1906—1910 in 1000 Tonnen).

	Roheisen		Kupfer		Blei		Erdöl	
Vereinigte Staaten	1.	24.410	1.	442·—	1.	367·0	1.	22.814
Deutschland	2.	12.882	7.	33·6	3.	160·8	9.	123
Großbritannien	3.	9.937	2.	67·—	7.	31·—		
Frankreich	4.	3.583	13.	8·4	8.	24·7		
Rußland . .	5.	2.855	12.	15·3	13.	0·8	2.	8.858
Österreich-Ungarn	6.	1.941	14.	1·1	11.	17·1	3.	1.486
Belgien	7.	1.496			6.	52·—		
Schweden	8.	568			14.	0·5		
Spanien	9.	364	4.	50·4	2.	186·3		
Italien	10.	184	10.	18·8	9.	21·4	11.	7·6
Japan	11.	47	5.	43·—	12.	3·2	7.	236·—
Mexiko			3.	55·—	5.	99·2	6.	340·—
Australien .			6.	40·—	4.	101·—		
Chile			8.	33·—				
Kanada			9.	26·—	10.	20·4	10.	69·—
Peru			11.	18·3			8.	132·—
Rumänien							5.	1.153·—
Niederl.-Indien							4.	1.274·—

[25]) The Iron ore resources of the World. 2 Bd. und 1 Atlas Stockholm 1910.

3*

nur bei Vareš ausgebeutet werden. Unsere Roheisenerzeugung
verarbeitet in Wittkowitz (Ostrauer Kohlenrevier) viel schwedi-
sches Erz und in Servola bei Triest mit Hilfe ausländischer
(englischer) Kohle Erze, die aus allen Erdteilen dorthin gebracht
werden. Es soll ausdrücklich hervorgehoben werden, daß die
Monarchie im Gegensatz zu anderen mitteleuropäischen Staaten
imstande wäre, mit den eigenen Eisenerzvorräten das Auslangen
zu finden.

An Kupfer, Blei, Zinn und Zink ist nicht genug vorhanden und die Monarchie muß große Mengen solcher Erze ein-
führen. Kupferlager gibt es in Mitterberg bei Bischofshofen,
Brixlegg in Tirol und in der Bukowina. Es sei hier erwähnt,
daß sich jetzt die sehr ergiebigen Kupfererzstätten Serbiens in
den Händen der Sieger befinden.

Einen vornehmen Rang nimmt die Monarchie in der
Förderung von Erdöl ein. 1909 erreichte die Erzeugung
$5\,^0/_0$ der der Erde, sank aber bis 1914 wieder auf $1\,6\,^0/_0$.
Die bisher in Abbau befindlichen Lager liegen in Galizien
und die geologischen Verhältnisse lassen eine Steigerung
der Produktion als sehr leicht durchführbar erscheinen. In
Ungarn vermutet man auch ergiebige Petroleumlager. Bei
Bohrungen nach Kalisalz stieß man in Siebenbürgen auf ausgedehnte Naturgaslager ($98\,^0/_0$ Methan). Diese Schätze im Gebiet der Siebenbürger Mezöség sollen jetzt nach dem Kriege mit
Hilfe bedeutenden deutschen Kapitals nutzbar gemacht werden.
In den letzten Jahren sind in den außereuropäischen Erdteilen
verschiedene Erdölgebiete neu gefunden worden und einige
längst bekannte wurden in verstärktem Maße ausgebeutet. Zu
diesen gehören vor allem die mexikanischen, deren Produktion
größer als die österreichische ist, ferner die mesopotamischen
und auch solche in Südamerika.

An Silber ist unsere jährliche Erzeugung mit 48.000 kg
nicht unbedeutend, sie bringt aber infolge der großen übersei-
schen Konkurrenz (Mexiko, Vereinigte Staaten, Kanada) wenig
Gewinn. Die Goldproduktion, 3000 kg, die in den letzten Jahren
stark zurückgegangen war und sich erst in allerletzter Zeit
wieder hebt, fällt fast ganz auf Ungarn. Das Quecksilberberg-
werk in Idria findet seinesgleichen nur in dem von Almaden
in Spanien und Neualmaden in Kalifornien. Die Quecksilber-
erze werden im Jahre mit $3\,^1/_2$ Millionen Kronen bewertet. Über-

aus reich ist die Monarchie an Salz in Galizien, in den Alpenländern, in Ungarn im oberen Theiß- und Hernadgebiete, in
Siebenbürgen (Rónaszék, Soovár, Maros-Ujvár) und im östlichen
Bosnien. Dazu kommt noch die durch die Naturausstattung
sehr geförderte Seesalzgewinnungsmöglichkeit. Wir haben
Überfluß an Salz und doch nur einen ganz geringen Export,
obwohl es in früheren Jahrhunderten bereits starken Salzexport
aus unseren Gebieten gab. Die neuerliche Belebung käme sowohl unserer Schiffahrt wie der ärmeren Bevölkerung am Meere
zugute. Die bisher nur geringe Ausnutzung der Abraumsalze
wird sich nach dem Kriege gewiß rasch ändern. Unserer chemischen Industrie steht da ein riesiger Aufschwung bevor, bei dem
der Heimat große Summen erspart bleiben werden. An Graphit
liefert die Monarchie fast ein Drittel der Erdproduktion, so daß
nur ganz feine Sorten eingeführt werden müssen und der Aus-
fuhrüberschuß über 2,000.000 Kronen Wert aufweist. Die wert-
vollen Magnesitlager in den Alpen, besonders von Veitsch und
Radenthein, ferner in Ungarn bei Hisnyóviz, Ratko und Och-
tinar ermöglichen eine Ausfuhr von 12,000.000 Kronen, die
noch gesteigert werden kann. An der Aluminiumerzeugung ist
die Monarchie bei Lendgastein in beträchtlichem Maße beteiligt.
Der ausgezeichnete Kaolin versorgt nicht bloß die hochberühmte
einheimische Porzellanindustrie, sondern auch einen Teil der
deutschen, russischen, französischen, englischen usw. Großen
Gewinn für die Versorgung mit Kraft bedeuten die Kraft-
mengen, die in den Flüssen aufgespeichert sind. Die Monarchie
ist in der Ausnützung derselben infolge rechtlicher Schwierigkeiten gegenüber Oberitalien, der Schweiz und Skandinavien
zurück. Die Aufnahme der Gewässerstrecken geht flott von
statten. 4350 km Gewässer ergaben in Österreich bereits über
1 $1/_2$ Millionen Brutto HP, so daß hier sicher 4—5 Millionen HP
zur Verfügung stehen. Die ungarischen Flüsse enthalten in den
Gebirgen Oberungarns und in den Transsylvanischen Alpen
wohl dieselben Kraftgrößen, wie sie aus den österreichischen
erwartet werden. Vgl. Viczians Buch, Magyarország vízi eröi,
II. Auflage.

IV.

Die europäische Mittellage der österreichisch-ungarischen
Monarchie läßt bei flüchtiger und einseitig nur einzelne Natur-

faktoren berücksichtigender Beurteilung einen großen Durchfuhrverkehr erwarten.[26]) Die Lage zwischen der Schweiz,
Deutschland und Rußland einerseits, Italien und den Balkanstaaten anderseits, also zwischen Ländern mit sehr verschiedenen Produktionsverhältnissen und dementsprechend starken
Austauschbedürfnissen, scheint dafür zu sprechen. Aber es
darf nicht vergessen werden, daß für den nicht Raschheit der
Beförderung, sondern nur Billigkeit anstrebenden Verkehr von
Massengütern die durch Österreich-Ungarn führenden Wege
vom Westen nach Osten und vom Norden nach Süden durch die
Schiffahrtswege im Mittelländischen Meere konkurrenziert werden. Hier haben die in geologisch junger Zeit erfolgten Ein-
brüche den Zusammenhang mit Asien und Afrika gelöst, eine
überaus reiche Gliederung und Zersplitterung, ein inniges In-
einandergreifen von Wasser und Land geschaffen. Die Küsten
Europas mit ihrer tief einschneidenden Gliederung werden von
zahlreichen Frachtschiffen umschwärmt und die Seeschiffahrt
mit ihren billigen Frachtsätzen und ihrer überragenden kommerziellen Organisation hat den größten Teil des Transportes
zwischen dem Westen und Süden und Südosten unseres Erd-
teiles an sich gerissen. Das Getreide aus den südrussischen,
rumänischen und bulgarischen Produktionsgebieten — der
pontischen Kornkammer — nimmt den Weg nicht durch,
sondern um Europa herum nach den atlantischen Hafenplätzen.
Mit dem Seeverkehr kann der Binnenschiffahrtsverkehr auf der
Donau noch nicht konkurrieren, wo die ungeregelten Gefälls-
verhältnisse und die mangelhafte Regulierung auf weiten
Strecken keine volle Ausnützung der Schiffsgefäße gestatten,
und der ein leistungsfähiger Kanalanschluß an andere Strom-
systeme des Westens und Nordens fehlt. Dementsprechend ist
auch die Durchfuhr durch Österreich-Ungarn gering; sie zeigt
für die letzten Jahre folgende Werte in 1000 metrischen
Zentnern brutto.

Jahr	Gesamt	Davon zur See:	
		eingetreten	ausgetreten
1909	10.512	1429	340
1910	10.849	1328	488
1911	11.978	1590	558
1912	14.217	1565	363
1913	11.852	1557	417

[26]) Vgl. Verkehrsgeographische Studien, a. a. O., S. 5 ff.

Vergleichend sei bemerkt, daß der Durchfuhrverkehr Deutschlands mehr als $4^1/_2$ mal größer und im entschiedenen Wachstum begriffen ist.

Die mit Aufwand großer Geldmittel und unter Überwindung vieler technischer Schwierigkeiten erbauten Bahnlinien über den Karst haben das Binnenland durch die Hafenorte Triest und Fiume mit dem Weltmeer verbunden. Der Verkehr an diesen beiden Orten steigert sich von Jahr zu Jahr und die Hafenanlagen mußten wiederholt vergrößert werden. Durch Jahrzehnte war die Südbahn die einzige Zufahrtslinie zum Triester Hafen. Die 1909 eröffnete Tauernbahn wird ein noch rascheres Ansteigen des Triester Verkehrs bewirken, da durch sie Süddeutschland Triest viel näher gerückt ist und durch einen entsprechenden Ansatz der Frachttarife die Konkurrenz Genuas geschlagen werden muß, zumal an letzterem Hafenplatz der Raum ein beschränkter ist, und das Laden und Löschen der Waren schon jetzt darunter zu leiden hatte.[27])

Bei der hohen Bedeutung, welche der Fremdenverkehr für die Zahlungsbilanz von Staaten hat, hat Österreich-Ungarn seine landschaftliche Schönheit noch zu wenig ausgenützt. A. Penck, der fast aller Herren Länder kennen gelernt, hat Österreich-Ungarn eines der schönsten Länder der Welt genannt.[28]) Wir müssen den Fremdenverkehr, dem durch eine Fülle von heilsamen Mineral- und Thermalwässern, Luftkurorten[29]) und prächtigen Landschafts- und Städtebildern viele Zielpunkte gegeben sind,[30]) durch großzügige Organisation, durch Propaganda und durch Verbesserung des Eisenbahn- und Schiffahrtsdienstes u. dgl. steigern.

Für das Jahr 1913 weist das Österreichische Statistische Handbuch im Kapitel Fremdenverkehr 4,845.000 Ortsfremde, darunter 27% Ausländer und 37% solche aus einem anderen Kronland unserer Monarchie auf. Wien, Böhmen und Tirol sind am Fremdenverkehr am meisten beteiligt. In Österreich dürften durch den Fremdenverkehr nach Schätzungen in den letzten

[27]) Vgl. F. Heiderich, Triest und die Tauernbahn. Meereskunde, VI. Jahrg.
[28]) A. Penck, Die landschaftliche Schönheit Österreichs. Vortrag, gehalten im Wiener Volksbildungsverein am 16. März 1906, Wien 1906.
[29]) C. Diem, Österreichisches Bäderbuch. Wien 1912.
[30]) Siehe obenstehende Tabelle S. 40.

Fremdenorte mit mehr als 50.000 Fremden in Österreich im Jahre 1913:

Fremdenorte	Fremde				
	im ganzen	aus demselben Lande	aus dem übrig. Österreich, Ungarn, Bosnien und der Herzegowina	aus anderen europäischen Staaten	aus anderen Weltteilen
Wien	598.746	71.452	408.196	109.055	10.043
Innsbruck	198.790	28.321	59.745	104.977	5.747
Mariazell .	166.157	44.860	120.430	861	6
Bozen	123.191	14.287	31.884	75.496	1.524
Salzburg	122.165	2.445	65.838	51.341	2.541
Prag	121.030	65.753	32.330	21.321	1.626
Graz	120,645	50.329	62.597	7.530	189
Karlsbad	102.522	11.051	35.391	51.184	4.896
Krakau	94.224	44.766	19.704	29.412	342
Lemberg	79.846	67.137	8.914	3.664	131
Marienbad	70.352	8.139	15.037	43.884	3.292
Franzensbad	69.443	17.808	28.553	22.392	690
Linz	58.308	14.875	34.414	8.595	424
Brünn	54.555	18.789	31.613	4.043	110
Reichenberg	52.598	27.879	11.126	13.448	751

Jahren mehr als 100,000.000 Kronen als Jahreserträgnis eingenommen worden sein.

Unser Meeresanteil ist zwar gering, aber es bedarf nicht langer Küstenstrecken und vieler Häfen, sondern nur weniger, aber gut ausgestatteter. Diese haben wir jetzt in Triest und in Fiume. Erinnern wir uns, daß in der Adria das Mittelländische Meer am weitesten in den Kontinentalrumpf eingreift und die billige Wasserfracht am tiefsten landeinwärts führt. In dieser Begünstigung und in dem Umstande, daß Triest Ägypten und der durch den Suezkanal führenden Weltverkehrsstraße nach Ostafrika, Asien und Australien näher liegt als Marseille, Genua und andere Hafenstädte, ruht die siegreiche geographische Macht unserer Hafenplätze, die sie dazu bestimmt, eine führende Stellung unter den Mittelmeerhäfen zu gewinnen. Die im letzten Jahrhundert stark zurückgedrängte Bedeutung unserer Rolle als Durchgangsland nach dem Südosten, der Balkanhalbinsel, muß zu einer überragenden Wichtigkeit gelangen in dem Augenblicke, in welchem man daran gegangen ist, für Mitteleuropa eine gesicherte, von Feindseligkeiten und Störungen freie Einfluß- und Kultursphäre über die Balkanhalbinsel nach Vorderasien hinein zu schaffen. Da gewinnt auch die Donau ihre alte Bedeutung für den Verkehr

Mitteleuropas mit dem Südosten zurück, und zwar mit unvergleichlich größeren Verkehrsdimensionen als je vorher. Man wird wieder auf das großzügige Programm des Koerberschen Wasserstraßenentwurfes, das einen Kanalanschluß mit den deutschen Strömen plante, zurückgreifen müssen und dasselbe noch durch Beseitigung aller natürlichen und politischen Schiffahrtsbehinderungen auf der ganzen Strecke von Ulm bis zur Mündung und durch eine süddeutsche Kanalverbindung mit dem Rhein erweitern. An diesem riesigen Kulturwerke sind in gleicher Weise Deutschland und Österreich-Ungarn wie die an die Donau grenzenden Balkanstaaten interessiert und es muß geschaffen werden, denn bei der stetigen Verteuerung der Eisenbahntransporte durch die unverhältnismäßig wachsenden Betriebsausgaben werden in der Zukunft die Binnenwasserstraßen für den Transport von Getreide, Holz, Petroleum, Erzen, Dungmitteln, groben Industrieartikeln u. dgl. eine führende Rolle spielen.[31])

V.

Die Fülle von Rohstoffen aller drei Naturreiche, womit die Monarchie gesegnet ist, das Vorhandensein einer begabten und für verschiedene gewerbliche Arbeit leicht erziehbaren Bevölkerung, der die Donau entlang gehende Handel nach Südosten und der von Italien über die Alpen nach Innerösterreich, die Sudetenländer und Deutschland strebende, vor allem aber der durch das steigende Bedürfnis nach gewerblichen Artikeln geschaffene gute innere Markt hat in Österreich schon im Mittelalter aus hausgewerblicher Betätigung heraus zum Entstehen und zur Blüte mannigfacher Gewerbe geführt. Diese haben da und dort und in einzelnen Zweigen bereits im 15. und 16. Jahrhundert industrielle Ansätze genommen und im 18. Jahrhundert sind sie entschieden in großindustrielle Bahnen gelenkt worden. Namentlich unter Maria Theresia und Josef II. hatte die industrielle Entwicklung einen Stand erreicht, der den Vergleich mit England und Frankreich nicht zu scheuen brauchte. Die Koalitionskriege und die Rückständigkeit der Metternichschen Ära brachte auch hierin allgemeinen Stillstand, der seit

---

[31]) Vgl. F. Heiderich, Österreichische Verkehrsfragen. II. Die österreichische Kanalfrage. Weltverkehr und Weltwirtschaft, IV. Jahrg., S. 7 f.

Mitte des 19. Jahrhunderts zwar einem allgemeinen Aufschwung
Platz machte, der aber doch wieder recht weit hinter demjenigen
in England, Deutschland, den Vereinigten Staaten, Frankreich,
der Schweiz und Belgien zurückblieb. Immerhin hat die Industrialisierung der Monarchie solche Fortschritte gemacht, daß
sie in ihrem Außenhandel überwiegend industrielles Gepräge
zeigt und daß die seit 1907 aufgetretene Passivität der Handelsbilanz (vgl. S. 67) noch viel größer wäre, würde sie nicht durch
die großen Ausfuhrposten der Industrialien etwas gemildert.

**Ausfuhrwerte der wichtigsten Industriewaren aus der Monarchie 1913,
verglichen mit jenen Deutschlands, Frankreichs und Englands
(in Millionen Kronen).**

Warengattung	Österreich-Ungarn	Deutsches Reich	Frankreich	England
Zucker	297·3	317·—	95·—	17·—
Baumwollwaren	142·6	536·—	385·5	2765·—
Konfektionswaren	109·3	153·—	252·6	241·7
Eisen und Eisenwaren .	104·3	1587·—	84·—	1429·—
Glas und Glaswaren	86·7	165·—	93·2	
Maschinen, Apparate .	75·4	1165·—	360·6	1060·—
Lederwaren und Leder	66·2	137·—	88·3	141·4
Wollwaren	65·4	295·—	220·2	649·5
Papier und Papierwaren	65·0	314·—	167·1	92·—
Metallwaren	60·5	288·—	120·9	
Malz	57·5	8·—		
Chemische Produkte	56·7	790·—	212·8	559·—
Baumwollgarn.	51·7	73·—		367·—
Holzwaren	51·5	88·—		
Leinen-, Hanf- und Jutewaren	38·—			289·—
Seiden und Seidengarne	36·—	264·—	565·—	54·—
Tonwaren.	28·2	135·—	93·2	130·—

Nach der beruflichen Zusammensetzung der erwerbstätigen Bevölkerung überwiegt zwar noch die agrarische, aber ein Vergleich mit früheren Erhebungen läßt doch deren prozentuelle
und absolute Abnahme erkennen.

    Es ist nicht möglich, im knappen Rahmen dieser vergleichenden Studie ausführlich der Entwicklung der einzelnen
Industriezweige und ihrer Geltung auf dem Weltmarkte zu gedenken, aber einige Hinweise müssen doch gemacht werden. Von

den sogenannten landwirtschaftlichen Industrien, die sich aus bescheidenen landwirtschaftlichen Nebengewerben zu Großindustrien, die mit riesigen Kapitalien arbeiten, entwickelt haben, hat keine größere Bedeutung als die Rübenzuckerindustrie erlangt. Sie stellt sich unmittelbar neben jene Deutschlands und ist erst in der letzten Zeit in manchen Jahren von der russischen überflügelt worden. Im Jahre 1864 hat sie zum ersten Male in bescheidenen Mengen zu exportieren begonnen und seitdem (bis 1913) für 6 Milliarden Kronen Rübenzucker an das Ausland verkauft. Die Rübenzuckerindustrie ist die wichtigste Exportindustrie Österreich-Ungarns geworden. Die riesige Entwicklung der Rohrzuckerproduktion der Welt (die sich von 1896 bis 1912 von 1˙5 auf 8˙8 Millionen metrischer Tonnen gesteigert hat, während in derselben Zeit die Rübenzuckererzeugung nur von 4˙07 auf 6˙2 Millionen Tonnen gestiegen ist) läßt wohl für die Zukunft mit Sicherheit eine Verminderung des Exportes erwarten. Der Entgang für die Zuckerindustrie Österreich-Ungarns könnte zum Teil durch Steigerung des schwachen inländischen Zuckerkonsums (13 kg pro Kopf gegen 19 in Deutschland und etwa 40 in England) ausgeglichen werden.

Zuckerproduktion in 1000 t.

Davon entfallen:	1901/05	1906/10	1911	1912	1913
Deutsches Reich	1.727	1.962	2.331	1.348	2.436
Österreich - Ungarn .	983	1.232	1.366	1.031	1.709
	18	19	18˙5	17	21
Rußland	1.136	1.190	1.893	1.848	1.235
Frankreich .	832	756	650	465	878
Vereinigte Staaten	147	349	464	462	543
Belgien	225	244	256	222	269
Niederlande	134	177	200	241	285
Schweden	101	132	174	127	132
Italien	88	122	173	171	214
Spanien	97	107	91	112	188
Rübenzucker überhaupt	5.538	6 360	779	6.174	8.072
Rohrzucker überhaupt	6.164	7.203	7.106	8.785	9.207

In der Bierbrauerei, die namentlich in Österreich allgemein verbreitet ist, steht die Monarchie an 4. Stelle der Weltproduktion. Die Qualitätsbierbrauerei, die sich auf hervorragende Gerste und erstklassigen Hopfen stützt, verzeichnet Ausfuhrwerte von rund 19 Millionen Kronen; noch bedeutend größer sind die Ausfuhrziffern der Mälzerei, die ihr geschätztes Erzeugnis in die ganze Welt liefert (60 Millionen Kronen). Die Spiritusbrennerei nimmt gleichfalls in der Weltproduktion die 4. Stelle ein; sie verarbeitet neben Getreide (besonders Mais) auch Obst, Rübe, Melasse u. a. Der Export beläuft sich auf durchschnittlich 7˙1 Millionen Kronen. Die Mühlenindustrie ist in Ungarn höher entwickelt und leistungsfähiger als in Österreich; der früher bedeutende Mehlabsatz ist durch die Entwicklung der deutschen, französischen und amerikanischen Müllerei sehr beeinträchtigt worden (Mehlexport 10 Millionen Kronen). Die Reisschäl- und Stärkefabrikation zeigt seit 1900 einen sehr bedeutenden Aufschwung. Bei ziemlich gleichbleibender Einfuhr von geschältem Reis ist die von rohem Reis mächtig gestiegen. Reis wird auch exportiert, besonders im Veredlungsverkehr.

Eine glänzende Entwicklung hat die Eisenindustrie in den letzten dreißig Jahren genommen, und zwar durch planvolle Benützung der natürlichen Hilfsmittel, durch großartige technische und kommerzielle Organisation (Eisenkartell), wie nicht zumindest durch die weitgehendste Förderung der Regierung

Jährliche Erzeugung von Wein, Bier, Alkohol (in 1000 hl).

S t a a t	Wein	Bier	Alkohol
Vereinigte Staaten .		74.318	2.882
Deutschland .	2.721	69.936	4.027
Großbritannien		59.058	1.217
Österreich-Ungarn	8.870	24.717	2.700
Belgien .		16.400	360
Frankreich	52.695	15.822	2.516
Rußland		10.000	5.089
Schweiz .	960	3.200	67
Australien und Neuseeland	250	2.100	
Italien	41.641	620	444
Spanien	16.551	410	
Rumänien .	1.438	345	177
Chile .	1.533	400	
Bulgarien .	1.192	240	14
Argentinien	2.585	200	
Algier	7.101		

(hoher Zollschutz). Ihre hohe Leistungs- und Anpassungsfähigkeit für die Kriegsbedürfnisse hat sie in einer alle Erwartungen
übertreffenden Weise bewiesen. Der Export von groben Eisen-
waren richtet sich besonders nach den Balkanländern und
Italien. Guten Absatz finden Blechemailgeschirr und auch Sen-
sen und Sicheln. Die Erzeugung von Waffen, Patronen und
Munition hat sich in der ganzen Welt guten Absatz gesichert
(13 Millionen Kronen, 1912: 28). Der Maschinenbau ist qualitativ hochstehend, wird aber durch hohe Materialpreise stark
gedrückt; die Einfuhr von Maschinen überwiegt die Ausfuhr
um 70 Millionen Kronen. Ein reiches Feld der Betätigung hat
sich dem Kapital in der jungen, aber rasch zu hoher Bedeutung
gekommenen elektrotechnischen Industrie erschlossen. Mit der
stärkeren Ausbeutung der vorhandenen reichen Wasserkräfte
(vgl. S. 37) steht sie vor einem mächtigen und für das Gemein-
wohl unschätzbaren Aufschwunge. Im Export ist sie vertreten
mit 21,200.000 Kronen, dem gegenüber ein Import von
35,000.000 Kronen steht.

Hochwertig ist die Holz- und Drechslerwaren-Industrie,
die sich hauptsächlich auf den heimischen Waldstand stützt und
für 88 $1/_3$ Millionen Kronen zur Ausfuhr bringt. Eine Besonder-
heit sind die Bugholzmöbel aus Rotbuchenholz, die trotz der
billigen amerikanischen Massenerzeugung den Absatz in der
ganzen Welt behauptet haben. In den Waldländern der Monarchie sind Holzschleifereien und Zellstoffabriken entstanden,
welche den größten Teil des Materials für die zu einer mächtigen Großindustrie erwachsene Papierfabrikation liefern, die
steigende Exportwerte verzeichnet (65 Millionen Kronen). Besonders geschätzt ist das österreichische Zigarettenpapier. Auch
die graphischen Gewerbe haben einen hohen technischen und
künstlerischen Aufschwung genommen.

Die Ledererzeugung ist trotz der Fülle von Rohstoffen
(Häute, wie auch ausgezeichnete Gerbmittel) von der deutschen
und amerikanischen Großindustrie durch technische und kommerzielle Organisation weit überflügelt worden und deckt nicht
mehr den Landesbedarf. Die Einfuhr übertrifft die Ausfuhr um
47 Millionen Kronen. Dagegen hat sich die Lederwarenindu-
strie siegreich behauptet und führt um etwa 29 Millionen
Kronen mehr aus als ein. Namentlich in feinen Schuhwaren,
Handschuhen und Ledergalanteriewaren kann Österreich jeder

Konkurrenz begegnen. In diesen Artikeln, besonders aber in
der hochentwickelten Konfektion (Kleider, Wäsche, Hüte,
Blumen, Federn, Fächer, Spitzen u. a.), die sich ebenbürtig
neben die französische und die englische stellt und die reichs-
deutsche in vieler Hinsicht übertrifft, sowie in mannigfaltigen
Artikeln des Kunstgewerbes kommen der angeborene Geschmack, der feine Sinn und die Geschicklichkeit zur Geltung,
Eigenschaften, welche den Völkern der Monarchie geradezu im
Blute stecken und welche die heimische Industrie immer stärker
darauf hinweisen sollen, in der Exportproduktion nicht ihr Heil
in der Erzeugung von Quantitäts-, sondern von Qualitätsartikeln
zu suchen; denn die Ersprießlichkeit des Exporthandels hängt
nicht davon ab, daß viele Fabrikate erzeugt und ausgeführt werden, sondern daß für die Ausfuhr eine Fülle hochwertiger, nicht
leicht in gleicher Güte anderswo nachzubildender Fabrikate
bereitliegen. Das macht auch unsere Gablonzer Glaskurzwaren-
industrie, welche unechten Schmuck, Glasknöpfe, Glasperlen,
Kristallerie- und Bijouteriewaren erzeugt, auf den Märkten der
ganzen Welt so erfolgreich. Auch die Glas- und die keramische
Industrie sind in ihrer Fortentwicklung nicht hinter anderen
Industrien zurückgeblieben und haben sich zu gewaltigen Großindustrien entwickelt, die im Export mit namhaften Ziffern vertreten sind (106 Millionen Kronen). Speziell in der Erzeugung
von Siphonflaschen und elektrischen Glühlampen hat Österreich
eine beherrschende Stellung. Die geschmackvollen Porzellan-
waren werden von dem Auslande viel begehrt (14 Millionen
Kronen). Die chemische Großindustrie, die namentlich Schwe-
felsäure, Salpetersäure und Salzsäure, Soda und Öle, Seifen,
Farben, Lacke, Kunstdünger u. a. erzeugt, hat nach längerem
Stillstand erst in den letzten drei Jahrzehnten einen Aufschwung
genommen, der sich in einem Rückgang der Einfuhr (70 Millio-
nen Kronen) und einem Steigen der Ausfuhr (57 Millionen
Kronen) äußert. In künstlichen Farbstoffen und Farbenpräpa-
raten ist die Monarchie größtenteils auf Deutschland angewiesen.
Die altberühmte Zündholzfabrikation ist in neuerer Zeit durch
Monopolisierung der Erzeugung und des Verkaufes in vielen
Ländern sowie durch die deutsche, schwedische und japanische
Konkurrenz in ihren früher großen Ausfuhrwerten auf sehr be-
scheidene Ziffern gesunken (5·5 Millionen Kronen). Günstige
Entwicklung hat in den letzten Jahren auch die Kautschuk-

industrie genommen, was zum Teil mit dem Aufschwunge der Automobilindustrie zusammenhängt.

Die wichtigste Großindustrie Österreichs ist die Textilindustrie. Schon im Mittelalter allgemein als Hausgewerbe verbreitet und heute noch als Hausweberei in vielen Teilen der Monarchie vertreten, fand sie lange an der heimischen Rohstoffproduktion von Wolle, Flachs und Hanf ihr Genügen. Durch ihre moderne Entwicklung zur Großindustrie ist die Textilindustrie bald über die im Inlande gewonnenen Rohstoffmengen hinausgewachsen und muß jetzt aus dem Zollauslande für 153 Millionen Kronen Wolle, für 42 Millionen Flachs, für 12 Millionen Hanf beziehen; überdies für 62 Millionen Seide, für 340 Millionen Baumwolle, für 40 Millionen Jute und für 3 Millionen andere Gespinststoffe (mexikanische Faser, Ramie, Manila- und Neuseeländerhanf u. ä.).

Die Baumwollindustrie, die in ihren Anfängen auf die Zeit Leopold I. zurückgeht, hat sich wegen ihres wohlfeileren Rohmaterials, besonders seit der 2. Hälfte des 18. Jahrhunderts rasch entwickelt und ist heute in Österreich in der Textilindustrie, was Größe der Produktion betrifft, führend. Nach Spindelzahl wie Größe des Verbrauches des Rohmaterials reiht sie sich in der Weltproduktion an 7., beziehungsweise 8. Stelle.

Wie die Angaben zeigen, wird zumeist amerikanische und ostindische, weniger ägyptische Baumwolle verarbeitet.[32] Im allgemeinen muß die österreichische Baumwollindustrie wegen der sehr verschiedenen Anforderungen des heimischen Marktes als eine überaus vielseitige und auch qualitativ hochstehende bezeichnet werden. In Ungarn hat sie erst an wenigen Stellen festen Fuß gefaßt. Im Export ist sie mit über 200 Millionen Kronen vertreten. Die Maschinenspitzen- wie die böhmische und vorarlbergische Stickerei-Industrie genießen hohen Ruf und speziell in Vorarlberg hat der Veredlungsverkehr mit der Schweiz außerordentliche wirtschaftliche Bedeutung. Auch die in ihrer Bodenständigkeit auf eine Jahrhunderte lange Vergangenheit zurückblickende Wollindustrie zeichnet sich, was Güte wie Geschmack betrifft, durch hohe Leistungsfähigkeit aus. Ihr Export richtet

---

[32]) Die gesamte Baumwollernte der Erde wird auf 4,500.000 t geschätzt; davon stammen zwei Drittel (3,000.000 t) aus den Vereinigten Staaten von Amerika, 825.000 t aus Indien, 300.000 t aus Afrika (fast ausschließlich Ägypten) und der Rest meist aus Asien (China, Turkestan), Brasilien und Mittelamerika.

Baumwollindustrie in den wichtigsten Staaten (1913).

	Verbrauch an Baumwolle in 1000 Ballen		Amerika- nische	Indische	Ägypti- sche	Spindelzahl in Tausen- den der mechanisch. Spindeln
Vereinigte Staaten	2	5.786	5.553		201	31.520
Großbritannien	1	3.825	3.282	48	351	55.971
Deutschland	3	1.580	1.259	175	102	11.405
Rußland*)	4	1.942	377	16	67	9.112
Britisch-Indien*)	6	1.698	74	1.623	1	6.397
Japan*)	9	1.581	423	988	16	2.414
Frankreich .	5	981	788	93	78	7.400
Österreich	7	837	627	154	33	4.950
Italien .	8	744	538	165	18	4.600
Spanien	10	329	262	31	18	2.200
Belgien	11	257	171	82	1	1.518
Kanada	13	108	107			860
Schweiz	12	89	59	3	26	1.384
. Niederlande	15	85	68	11		500
Schweden	14	84	78	3		550

*) Viele geringgewichtige Ballen.

sich vornehmlich nach den Balkanländern und der Levante. Die durch den seit den fünfziger Jahren des 19. Jahrhunderts (infolge Konkurrenz der überseeischen Gebiete) eingetretenen Rückgang der Schafzucht notwendige Wolleinfuhr erfolgt größtenteils von Argentinien und Australien.[33]) Die alte Leinen- und Hanfindustrie ist durch die Konkurrenz der billigeren Baumwollwaren sowie durch die Verringerung des Absatzes nach dem Auslande (infolge hoher Schutzzölle in den Vereinigten Staaten, Rußland und Italien) zwar zurückgegangen, steht aber in ihrer qualitativen Leistung obenan und namentlich im Export kommt Qualitätsware zur Geltung (Export 55 Millionen Kronen). Die durch riesige Einschränkung des Flachsbaues notwendige Einfuhr von Flachs und Hanf erfolgt größtenteils aus Rußland.

---

[33]) Die Wollproduktion der Erde ist heute in den Ländern mit großer Schafzahl und geringer Bevölkerung auf der Südhalbkugel der Erde am bedeutendsten. Die Wollgewinnung der Erde wird derzeit auf 1,150.000 t im Jahre geschätzt, während die von Flachsfasern kaum mehr wie 750.000, die von Hanf 600.000 t betragen mag. Die in den Welthandel gelangende Rohseide bleibt unter 25.000 t.

Die Seidenindustrie Österreich-Ungarns kann sich nur zum geringen Teile auf die Seidenraupenzucht Südtirols, des Küstenlandes, Dalmatiens und Südungarns stützen, sondern muß einen großen Teil der Rohseide importieren. Die Seidenwaren-Industrie der Monarchie ist zwar qualitativ hochstehend, deckt aber nicht den Bedarf. Die Einfuhr (117 Millionen Kronen) ist viel größer als die Ausfuhr (52). Seit 1894 hat sich in der Monarchie die Juteindustrie eingebürgert und ist rasch eine bedeutende Exportindustrie geworden.

.Diese kurzen Andeutungen lassen schon erkennen, welch bedeutungsvolle Rolle die Industrie in Österreich-Ungarn spielt und daß sie ein Lebensnerv des Staates ist. Das hat man in Ungarn auch erkannt und der Industrie staatlicherseits die nachdrücklichste materielle Förderung zuteil werden lassen (nicht zurückzuerstattende finanzielle Unterstützung für die Errichtung neuer Fabriken, langjährige Steuer- und Gebührenfreiheit, billige Bahntarife, öffentliche Lieferungen); dadurch wurde in vielen Industriezweigen (Eisen-, Textil-, Zucker-, Holz-, chemische Industrie, Bierbrauerei) innerhalb kurzer Zeit ein erstaunlicher Aufschwung erzielt; anderseits hat man trotz aller Industriefreundlichkeit doch nicht die Bahnen einer größtenteils auf agrarischen Interessen eingespannten Handelspolitik aufgegeben und damit den stärksten Hemmschuh für eine gesunde, aus eigener Kraft erfolgende industrielle Fortentwicklung belassen. Dieses Bleigewicht einseitig agrarischer Interessenvertretung belastet bei der Gemeinsamkeit der auswärtigen Handelspolitik schwer die österreichische Industrie, die überdies über mangelndes Entgegenkommen der Verwaltung klagt. F. Hertz hat in einer beachtenswerten Publikation die Schwierigkeiten, welche die Industrie in Österreich findet,[34] vielfach zu düster geschildert, vor allem ist er der Fülle der natürlichen Hilfsmittel industrieller Produktion nicht ganz gerecht geworden, aber im großen und ganzen wird man dem Kern seiner Ausführungen zustimmen müssen. Die Schwierigkeiten der Industrie in Österreich liegen nach Hertz sowohl in hoher Besteuerung und der die Assoziation nicht fördernden Höhe der Aktienbesteuerung, sowie in der geringen Kaufkraft des inneren Marktes infolge kulturlos bescheidener

---

[34] F. Hertz, Die Schwierigkeiten der industriellen Produktion in Österreich. Wien, 1910.

Lebenshaltung weiter Volkskreise, in den durch die nationale und kulturelle Mannigfaltigkeit der Bevölkerung bedingten wechselnden Ansprüchen an die Industrieartikel und in der durch ungenügende Verkehrsmittel hervorgerufenen Transportverteuerung. Dies alles sind aber nicht unabänderliche Gegebenheiten, die nicht zum guten Teile von einer modernen und großzügig denkenden Verwaltung beseitigt oder doch gemildert werden könnten. Die als unbedingt notwendig erkannte und leider wieder ins Stocken gekommene Verwaltungsreform wird neuerlich energisch in Angriff genommen und ehestens durchgeführt werden müssen. Das Sachliche muß in der Verwaltung das rein Formale erdrücken, das Arbeitstempo beschleunigt werden. „Wir brauchen," sagt F. N a u m a n n,[35] „eine Annäherung der in der alten Arbeitsweise Verharrenden an den Arbeitsrhythmus der Vorgeschrittenen. Dabei wird die Staatsverwaltung mit gutem Beispiele vorangehen müssen, indem sie den Beamtenapparat daraufhin durchmustert, daß weniger zahlreiche, aber besser bezahlte Beamte denselben Dienst tun, der jetzt von allzuvielen gering bezahlten Beamten ausgeführt wird. Es soll bei dieser Reform des Beamtenwesens nicht an Geld gespart werden, aber an verschleuderten Dienststunden."

VI.

Es ist selbstverständlich, daß die Förderung der Industrie nicht eine Spitze gegen die Landwirtschaft haben und nicht zur Schädigung von vitalen Interessen derselben führen darf. Gerade der Weltkrieg hat uns wieder gelehrt, daß die Landwirtschaft einer der stärksten Grundpfeiler des Staates ist und bleiben muß. „In der Beherrschung der Erde liegt die Kraft des Mannes und des Staates," sagt Mommsen in der Römischen Geschichte (I. Bd., S. 187), und die Geschichte der Zivilisation des Menschengeschlechtes läßt ausnahmslos erkennen, daß ein Rückgang der Landwirtschaft gleichbedeutend ist mit staatlichem Verfall (Spanien, Portugal). Jeder Versuch, weiterhin Gegensätze zwischen Industrie und Landwirtschaft zu schaffen, produktive Stände, die aufeinander angewiesen sind, gegeneinander zu verhetzen, muß entschiedene Bekämpfung finden. Wie schon erwähnt, hat gerade die harmonische Struktur unseres

[35] a. a. O., S. 119.

Wirtschaftslebens uns das Durchhalten ermöglicht. Auch in industriellen Kreisen ist die Notwendigkeit einer möglichst weitgehenden Rohstoffversorgung durch das Inland jetzt allgemein erkannt worden. Also möglichste Autarkie, und für solche Rohstoffe, Nahrungs- und Genußmittel, welche die Heimat nur in ungenügender Menge oder gar nicht zu liefern vermag, wird die Schaffung von Märkten mit großer Lagerung von Vorräten zu betreiben sein.[36])

Die Erkenntnis muß sich allgemein, besonders in der Verwaltung und in den landwirtschaftlichen Kreisen durchsetzen, daß Österreich-Ungarn mit seinen der Landwirtschaft im allgemeinen günstigen pedologischen und klimatischen Verhältnissen noch weit von der Grenze agrarischer Höchstleistung entfernt ist, daß sich durch gesteigerte Betriebsintensität jährlich noch viele Hunderte von Millionen Kronen aus dem Boden herausschlagen ließen. Die gesteigerte landwirtschaftliche Intensität soll sich nicht bloß auf Getreide und Nahrungsmittel, sondern auch auf die industriellen Rohstoffe erstrecken. Im Interesse einer genügenden Volksernährung wird man auch nachdrücklichst die Viehzucht fördern müssen, die uns nicht nur in Fleisch und Fett, sondern auch in Eiern, Fellen, Häuten, Wolle u. dgl. genügende Unabhängigkeit sichern soll. Besonderes Augenmerk werden wir dem Anbau und der neuerlichen starken Ausnützung ölliefernder Pflanzen widmen, so vor allem dem vernachlässigten Anbau von Lein, von Raps und Rübsen, zu welchen auch noch die ein ganz gutes Speiseöl liefernde Sonnenblume, die ostasiatische Sojabohne, Mais und Bucheckern treten könnten, die alle nach Versuchen in vielen Gegenden Österreich-Ungarns durchaus zusagende Wachstumsbedingungen fänden. Um die nötigen Düngemittel zur Verfügung zu haben, muß eine leistungsfähige Stickstoffindustrie geschaffen werden, bei der die Wasserkräfte ausgenützt werden können.

Neben der Hebung der fachlichen Bildung der agrarischen Bevölkerung wird mit allen gesetzlichen Mitteln eine solche Bodenbesitzverteilung anzustreben sein, welche die größte Auswertungsmöglichkeit gewährleistet, das beste Betreuen der Scholle, ohne durch Raubbau die Produktionsbedingungen für

---

[36]) Vgl. zu Vorratswirtschaft u. a. S. Schilder: Lehren des Weltkrieges hinsichtlich der Rohstoffversorgung. Zeitschr. Weltwirtschaft V, 6. Heft.

die Zukunft zu erschöpfen. Bekannt ist, daß speziell für die
Viehzucht der Mittel- und Kleinbesitz die günstigsten Entwick-
lungsbedingungen verheißt, während die Stärke des Großgrund-
besitzes mehr im Getreidebau liegt. Die Urbarmachung un-
genützt liegender Ödländer, die Verwertung der Abfallprodukte
rund um die Städte, die Begünstigung jener Industrien, welche
in ihren Rückständen nahrhafte Futtermittel liefern, wobei
ganz besonders an die für die Viehzucht wichtigen Preßrück-
stände der Ölindustrie gedacht sei, ist ebenso notwendig wie der
verstärkte Anbau von Futterpflanzen und die Beseitigung der
Egartenwirtschaft, bei der das Ackerland einige Jahre mit
Getreide bebaut und dann ebenso lange dem natürlichen Gras-
wuchs überlassen bleibt. So bleiben in den österreichischen
Alpenländern annähernd 126.000 ha nicht gepflegter Egärten
liegen, deren Ertrag durch Einsäen von Futterpflanzen um
mindestens ein Drittel stiege, mit welcher vermehrten Futter-
quantität man 20.000 Stück Großvieh mehr ernähren könnte.
Die Intensität unseres landwirtschaftlichen Betriebes steht weit
hinter der vieler anderer Staaten zurück, wenn auch anerkannt
werden muß, daß gerade in dem letzten Jahrzehnt der Getreidebau eine ganz außerordentliche Hebung erfahren hat und in den
Mittelzahlen die klimatisch und pedologisch schlechter ausgestatteten Alpen- und Karstländer herabmindernd wirken.
Nach offiziellen Daten beträgt im jährlichen Durchschnitte
der Jahre 1903—1912 der Ertrag an Weizen pro Hektar
in Dänemark, dem Lande intensivster Landwirtschaft, 27·6 q,
Belgien 24·1, Deutschland 20·2, Österreich 13·3 und Ungarn
12·2 q. Ähnlich große Unterschiede sind auch für Roggen,
Gerste und Hafer zu verzeichnen. Auch unser Viehstand muß
im Vergleich zu anderen Staaten als durchaus ungenügend bezeichnet werden. Dänemark zählt auf 1000 ha produktive Fläche
614 Rinder, Belgien 727, Deutschland nur mehr 395, Österreich
324, Ungarn 229. Besonders bedenklich ist es, daß in Österreich
die für die Fleischversorgung in erster Linie in Betracht kom-
mende Rindvichzucht nicht nur relativ, sondern auch in abso-
luter Ziffer abgenommen hat.

Fassen wir die Landwirtschaft Österreich-Ungarns stati-
stisch nach den offiziellen Erhebungen und setzen wir diese
Zahlen in Vergleich mit den Ziffern der Weltproduktion und
des Welthandels, so ergibt sich Folgendes: Der Getreidebau,

der in der ganzen gemäßigten Zone das Rückgrat der Landwirtschaft bildet, gewinnt in Ungarn 3 bis 4 mal soviel Weizen und
8—12 mal soviel Mais als in Österreich, aber weniger Roggen,
Gerste und Hafer. In Bosnien ist der Maisbau vorherrschend.
Die Mengen der Weltproduktion im Durchschnitte 1906—
1910 sind nach verschiedenen statistischen Angaben auf Tabelle
S. 153 zusammengestellt. Die Rangstellung der Monarchie ist
folgende:

bei Weizen	an	5. Stelle
in Roggen		3.
Gerste		3.
„ Hafer		6.
„ Mais	noch	2.

Früher war die Monarchie ein sehr bedeutendes Getreide-
exportland. In den letzten Jahren ist die Ausfuhr zurückgegangen, in neuerer Zeit aber bedeutendem Import gewichen.
Nur Gerste wird in größerer Menge exportiert, aber auch hier
zeigt sich eine Abnahme der Ausfuhr. Die Gründe liegen in
der Zunahme der Bevölkerung und in der besseren Lebens-
führung.

Reis wird fast zur Gänze aus Britisch - Indien für
27,000.000 Kronen eingeführt. In Hülsenfrüchten (Gesamtproduktion im Mittel 1903/1912 über 275.000 t) besteht ziemliche

Verbrauch der Bevölkerung Österreich-Ungarns

pro Kopf der Bevölkerung 1900, bezw. 1912 in kg.

Jahr	Weizen	Roggen	Gerste	Mais	Zucker	Salz	Stein- u. Braun- kohle	Eisen
1900	97·6	43·6	38·6	84·1	7·3	12·8	802	33
1912	126·8	80·5	66·7	87·6	13·—	14·8	1104	53·4

Ausfuhrmöglichkeit. Der Kartoffelbau genügt in normalen
Jahren für den Bedarf. In der Weltproduktion steht Österreich-
Ungarn darin an dritter Stelle. Der Weinbau, der geschätzte
Qualitätsweine liefert, hat sich von den Schäden der Reblaus
und Peronospora erholt und liefert durchschnittlich 9 Mill. hl,
womit sich Österreich-Ungarn in der Weltproduktion an 4. Stelle
reiht, und zwar nach Frankreich, Italien und Spanien. Dem
Export von 6$\frac{1}{2}$ Mill. K steht ein Import von 8$\frac{1}{4}$ Mill. K ge-

Ernte und Handel in Zerealien 1912 in 1000 Tonnen.

Land	Weizen			Roggen			Gerste			Hafer		
	Ernte	Einfuhr	Ausfuhr	Ernte	Einfuhr	Ausfuhr	Ernte	Einfuhr	Ausfuhr	Ernte	Einfuhr	Ausfuhr
Österreich-Ungarn .	6.454	9	1·5	4.114	34·0	0·2	3.513	7·0	207.0	3.974	15·0	2·0
Deutsches Reich	5.094	2.279	323·0	12.222	316·0	797·0	3.673	2960.0	1·2	9.714	666·0	385·0
Frankreich	9.099	42	2·0	1.238	59·0	0·1	1.201	137·0	15·0	5.154	216·0	1·0
Großbritannien	1.563	711	21·0	6	40·0	0·1	1.320	1022·5	2·2	2.916	921·0	9·0
Italien .	4.510	157	0·5	134	7·5	0·0	183	19·0	0·2	410	157·0	1·0
Rumänien	2.291	12	1361·0	95	1·0	66·5	602	2·0	240·0	551	2·0	233·0
Rußland ohne Finland .	16.976	5	3940·0	25.678	113·5	882·5	9.926	20.0	4302·0	14.125	16·0	1394·5

Tabakerzeugung im Mittel 1901/10 (in 1000 q).

Land	q	Land	q	Land	q	Land	q
Vereinigte Staaten .	3632	Türkei .	404	Philippinen .	170	Italien	75
Rußland (europ.)	815	Brasilien	340	Mexiko .	103	Algerien	72
Österreich-Ungarn .	671	Deutschland	329	Argentinien .	102	Belgien .	69
Niederländ.-Ostindien	524	Kuba	306	China	80	Russisch-Asien	69
Japan	406	Frankreich	211	Griechenland	75	Bulgarien .	51
				S. Domingo .	75	Rumänien	47

genüber. Beträchtliche Exportwerte verzeichnet der Obstbau (39 Mill. K) [36a]) und der Hopfenbau (39½ Mill. K); dagegen deckt der Tabak-, Flachs- und Hanfbau nicht den heimischen Bedarf und ganz ungenügend ist die Olivenölproduktion. Der hohen Ziffern des Holzexportes wurde bereits gedacht und es steht zu hoffen, daß durch immer mehr sich durchsetzende geregelte Forstwirtschaft die Monarchie in dauerndem Bezug der

Getreide- und Kartoffelproduktion der wichtigsten Staaten der Erde im Mittel 1906/10 (in Millionen Tonnen).

Staat	Weizen	Roggen	Gerste	Hafer	Mais	Kartoffel
Vereinigte Staaten	1 | 18·85	6 | 0·82	2 | 3·62	2 | 13·56	1 | 67·50	5 | 8·86
Rußland (europ.)	2 | 16·93	1 | 20·38	1 | 8·62	1 | 13·87	6 | 1·28	2 | 19·60
Frankreich .	3 | 8·78	4 | 1·34	8 | 0·94	4 | 4·85	| 0·6	4 | 13·24
Indien .	4 | 7·98					.
Österreich-Ungarn .	5 | 6·15	3 | 4·14	4 | 3·08	6 | 3·50	2 | 4·75	3 | 18·58
Italien .	6 | 4·66	. | 0·13	| 0·21		4 | 2·40	. | 1·6
Argentinien	7 | 4·07	.		. | 0·5	3 | 3·57	. | 1·0
Deutschland	8 | 3·87	2 | 10·39	3 | 3·21	3 | 8·46		1 | 44·54
Kanada	9 | 3·46	. | 0·04	9 | 0·94	5 | 4·15	| 0·5	8 | 2·2
Spanien	10 | 3·34	7 | 0·78	7 | 1·4	. | 0·3	. | 0·6	7 | 2·9
Rumänien	11 | 2·14	| 0·13	| 0·53	. | 0·3	5 | 2·4	. | 0·1
Australien	12 | 2·06	. | 0·003	| 0·4	8 | 1·9	| 0·2	. | 0·4
Großbritannien	13 | 1·6	| 0·0	5 | 1·5	7 | 3·1		6 | 6·4
Bulgarien	14 | 0·9	. | 0·17	.	. | 0·1	| 0·5	.
Japan .	15 | 0·6	5 | 0·94	6 | 1.4	. | 0·4		. | 0·6

Rente eines von Jahr zu Jahr im Werte steigenden Naturschatzes bleiben wird.

Die Viehzucht hat eine wenig befriedigende Entwicklung genommen. Die Zahl der Schweine ist zwar gestiegen, aber die Rindviehzucht ist zurückgegangen und auch die Schafzucht hat einen weiteren Rückgang erfahren. Hier ist, wie schon angedeutet, eine Hebung notwendig, u. a. durch Unterstützung von Industrien, die ihre verwertbaren Abfälle in größerem Maße zu Viehfutter verarbeitet in den Handel bringen müßten. Auch die

---

[36a]) Dagegen eine Einfuhr von Südfrüchten von 59½ Millionen Kronen, von denen nur für 4½ Millionen Kronen wieder ausgeführt werden.

Viehstand der wichtigsten Staaten

		Rinder		Pferde	
		Gesamtzahl	auf 1000 Einw-	Gesamtzahl	auf 1000 Einw.
Britisch-Indien	1.	94.963	390	11. 1.540	6
Vereinigte Staaten	2.	63.683	692	2. 23.016	250
Europäisches Rußland	3.	34.547	250	1. 23.860	173
Argentinien	4.	29.117	4.491	3. 7.531	1.162
Deutsches Reich	5.	20.182	305	5. 4.523	68
Österreich-Ungarn	6.	17.682	340	6. 4.374	86
Frankreich .	7.	14.709	371	7. 3.222	81
Großbritannien und Irland	8.	11.874	638	10. 2.059	88
Australien	9.	11.578	2.599	9. 2.408	541
Uruguay	10.	8.193	7.857	14. 0.556	534
Asiatisches Rußland	11.	6.809	642	4. 6.578	620
Kanada .	12.	6.533	907	8. 2.596	360
Italien	13.	6.199	184	12. 0.956	28
Südafrikanische Union .	14.	5.797	970	13. 0.714	120
Neuseeland	15.	2.020	1.970	15. 0.404	394

Viehstand der Monarchie. (Für Ungarn und Bosnien

		1880	
		in 1000 Stück	Stückzahl auf 1000 Einwohner
Rinder	Österreich	8.584	388
	Ungarn	5.311	344
	Bosnien und Herzegowina . .	. .	. .
	Monarchie		
Pferde	Österreich	1.463	66
	Ungarn	2.079	132
	Bosnien und Herzegowina . .	. .	.
	Monarchie		
Schafe	Österreich	3.841	174
	Ungarn	9.840	625
	Bosnien und Herzegowina . .	. .	. .
	Monarchie		
Schweine .	Österreich	2.722	123
	Ungarn	4.160	271
	Bosnien und Herzegowina . .	. .	. .
	Monarchie		

(Stand 1910) in Millionen Stück.

Esel u. Maulesel		Schafe		Ziegen		Schweine	
Gesamtzahl	auf 1000 Einw.	Gesamtzahl	auf 1000 Einw.	Gesamtzahl	auf 1000 Einw.	Gesamtzahl	auf 1000 Einw.
2. 1.447	6	9. 22.848	94	1. 28.555	117		
1. 4.602	50	3. 52.839	575	5. 3.030	33	1. 59.474	647
		4. 42.736	309			4. 11.945	86
4. 0·750	116	2. 67.212	10.366	3. 3.946	609	9. 1.404	216
10. 0·013	—	14. 5.803	88	4. 3.410	52	2. 21.924	332
8. 0·100	2	12. 12.736	250	6. 2.806	55	3. 14.405	282
5. 0·555	14	10. 16.468	416	8. 1.409	36	5. 6.904	174
7. 0·274	63	6. 28.887	740	9. 0.253	58	8. 2.470	195
		1. 83.245	18.686			12. 0·845	190
9. 0·022	21	7. 26.286	25.210	10. 0·020	19	14. 0·180	173
		11. 14.520	1.368			11. 0·915	86
		15. 2.175	302			6. 3.610	501
3. 1.238	37	13. 11.163	332	7. 2.715	81	7. 2.508	75
6. 0·431	72	5. 30.657	5.132	2. 11.763	1.969	10. 1.082	181
		8. 23.750	23.162			13. 349	340

beziehen sich die Zahlen bei 1890 auf 1895.)

1890		1910	
in 1000 Stück	Stückzahl auf 1000 Einwohner	in 1000 Stück	Stückzahl auf 1000 Einwohner
8.644	362	9.160	321
6.738		7.320	350
1.310	. .	1.202	633
16.692		17.682	340
1.548	65	1.803	63
2.308		2.351	113
229	. .	220	116
4.085		4.374	86
3.187	133	2.428	85
8.123		8.548	410
2.500	. .	1.760	926
13.810		12.736	250
3.550	149	6.432	225
7.330		7.580	363
527	. .	393	207
11.407		14.405	282

Geflügelzucht, welche schon sehr hohe Exportwerte liefert, wäre intensiver zu pflegen.

Vieheinfuhr: Jahr 1867 27,600.000 Stücke   Viehausfuhr: 26,600.000 Stücke.
1913 30,260.000   63,389.000

Österreich-Ungarn ist derzeit noch ein viehexportierendes Land, dessen Export aber immer mehr zurückgeht und wohl bald ganz aufhören wird.

Die Jagd verfügt in Österreich-Ungarn über einen großen Wildstand, aber es ist selbstverständlich, daß nicht die durch die Verschuldung des Bauernstandes geförderte Aufsaugung von Bauernwirtschaften und die Umwandlung von Kulturböden in Jagdgründe geduldet werden darf.

Die Binnenfischerei hat staatlicherseits manche Förderung erfahren und ist in Ungarn mehr entwickelt als in Österreich. Die Seefischerei in der Adria wird, trotzdem hier ein großer Reichtum an vorzüglicheren Fischen und anderen Lebewesen (Schal- und Weichtiere) vorhanden ist, nur mit ganz unzulänglichen und veralteten Mitteln betrieben. Der Gesamtwert unserer Fischerei beträgt nur ungefähr 10 Millionen Kronen jährlich, eine Summe, die beträchtlicher Erhöhung fähig wäre. Auch hier muß ein tatkräftiges und zielbewußtes Eingreifen der Verwaltung gefordert werden, um so mehr, als bei der steigenden Tendenz der Fleischpreise die Fische für die Volksernährung eine hohe Rolle zu spielen berufen sind. Auch wird die Unentbehrlichkeit der Existenz eines tüchtigen Seefischerstandes für die Handels- und Kriegsmarine allgemein anerkannt. Schließlich darf nicht vergessen werden, daß sich an die Fischerei überall wirtschaftlich wertvolle Industrien anschließen, wie Schiffbau, Erzeugung von Tauwerk, Segel- und Netzmacherei sowie die Verarbeitung der Meeresprodukte zu Konserven, Dungmitteln, Viehfutter und Fischleim.

Die Förderung der Meeresfischerei hätte sich vorwiegend zu erstrecken auf die Möglichkeit eines raschen und billigen Versandes frischer Fische binnenwärts, auf die staatliche Beaufsichtigung und Regelung des Fischverkaufes in den nach britischem, holländischem und deutschem Muster errichteten Fischauktionshallen und in der intensiveren Pflege wissenschaftlich-praktischer Untersuchungen über das Meer und die Lebensbedingungen der Seetiere.

VII.

Der Handel und der mit ihm innig verknüpfte, Güter, Personen und Nachrichten befördernde Verkehr sind die stärksten Stützen und die wichtigsten Hilfsmittel der materiellen Produktion. Je besser und vollkommener der Handel und der Verkehr entwickelt sind, desto höher der Stand des Wirtschaftslebens. Das 19. Jahrhundert mit der Verwendung des Dampfes als Betriebskraft hat in wenigen Jahrzehnten eine wunderbare Entwicklung des Verkehrs gebracht, wie sie Jahrtausende vorher nicht gesehen hatten. Die wachsende Billigkeit des Transportes und die Möglichkeit, auch Massengüter und Schwerartikel über ungeheuere Strecken hin zu verfrachten, vereint mit der erhöhten Qualität der Transportleistung in bezug auf Schnelligkeit, Pünktlichkeit sowie Verminderung der Gefahr einer Beschädigung der Güter, haben die früher über kleine Räume nicht hinausreichende, lokalisierte Wirtschaft, die nach Möglichkeit alle Güter für den Eigenbedarf selbst zu erzeugen bestrebt war, zu einer die ganze Erde umspannenden Weltwirtschaft ausgebaut, welche die Industriegebiete der Erde mit Nahrungsmitteln und industriellen Rohstoffen versorgt, den agrarischen Gebieten wieder industrielle Artikel bringt, und so selbst in den kleinsten Haushalt eine Fülle von Waren fernster Zonen leitet. So konnte mit den Hilfsmitteln des modernen Verkehrs auch der Handel die örtliche Gebundenheit abstreifen: er ist ein wirtschaftlicher Machtfaktor geworden, der über Länder und Meere hin eine Verknüpfung von weit auseinanderliegenden Wirtschaftsgebieten schafft, welche in ihrer Güterproduktion verschieden sind und gleichsam komplementäre Bedürfnisse und Gütervorräte haben. Dadurch, daß der Handel Rohstoffe und industrielle Erzeugnisse aus Gebieten, wo sie im Überflusse vorhanden sind oder nur geringen Wert haben, auf Märkte wirft, die sie höher bezahlen, wird er über ein bloßes Hilfsmittel der Produktion eine selbst Werte schaffende Produktion. Im Geben und Nehmen von Gütern, im Kauf und Verkauf impulsiert der Welthandel die heimische Volkswirtschaft, die zwar an den Staat gebunden und durch staatliche Maßnahmen geregelt und gefördert wird, aber doch mitten in die Weltwirtschaft hineingestellt, durch Hunderttausende von Fäden mit ihr verknüpft ist. Die Weltwirtschaft entbehrt des

unter einheitlicher Leitung stehenden Gebietes, und es müssen
die einzelnen Staaten durch Handels- und andere völkerrecht-
liche Verträge, durch internationale Vereinbarungen über Maß
und Gewicht, über Eisenbahn-, Post- und Telegraphenwesen,
über Schiffahrt auf der hohen See und auf einzelnen Flüssen
und Kanälen, über den Schutz des gewerblichen, literarischen
und künstlerischen Eigentums u. dgl. regelnd eingreifen.

Entbehrt demnach der Handel auf dem Weltmarkte des
unmittelbaren staatlichen Schutzes, so entfällt doch auch die
heimische Beschränkung und Bevormundung. Auf sich selbst
gestellt, muß er alle Register seines Könnens ziehen. Deshalb
muß der Großkaufmann, der sich auf den Weltmarkt hinaus-
wagt, mit dem besten geistigen Rüstzeug ausgestattet sein, er
muß Volkswirtschaftler und Geograph, Jurist, Handelskundler
und Statistiker sein; er muß Qualitätsleistungen aufbringen,
um über einen Augenblickserfolg hinaus bestehen und sich und
dem Heimatlande dauernde Vorteile sichern zu können. In
dem wissenschaftlich vertieften Studium weltwirtschaftlicher
Vorgänge und Erscheinungen, in der sicheren geographischen
Kenntnis fremder Länder und ihrer sozialen und wirtschaftlichen Verhältnisse und in ähnlichen, auf planetarische Per-
spektive gestellten Studien werden die Kenntnisse gewonnen
werden, um planvoll-großzügige und erfolgreiche Export-
förderungsaktionen ins Werk zu setzen, die unseren noch
sehr schwachen Anteil am Welthandel heben sollen. Die in
tüchtiger allgemeiner und fachlicher Vorbildung wurzelnde
deutsche Tatkraft auf industriellem und kommerziellem Gebiete
hat den Engländer auf dem Weltmarkte schon bedrängt, bevor
ihn der Weltkrieg lehrte, daß seine silbernen Kugeln gar nichts
wert sind. Man muß sich in Österreich-Ungarn allgemein zu
der Erkenntnis durchringen, daß neben inneren Reformen und
der Auswertung aller Produktivkräfte in der Ausgestaltung
des Außenhandels die finanzielle, wirtschaftliche und politische
Erstarkung liegt. Sicherlich hat der Krieg den zentraleuropäi-
schen Mächten den Segen möglichster Autarkie erkennen lassen,
und man wird durch Intensitätssteigerung der wirtschaftlichen
Arbeit diesem Ziele näher zustreben, um in Kriegszeiten nicht
Mangel zu leiden. Aber der Gedanke der Autarkie darf nicht
von volkswirtschaftlichen Analphabeten und weltentrückten
Schwärmern in dem Sinne aufgefaßt werden, daß wir uns von

dem Auslande abschließen wollen. Dazu sind wir kulturell zu weit vorgeschritten, dazu reicht nicht unser physisches Können, nicht die klimatische Ausstattung. Wir brauchen Baumwolle, Kupfer und andere Metalle, Ölfrüchte, Kolonialwaren u. v. a. Wie jeder Kulturstaat sind wir in den Welthandel hineingestellt und je mehr wir daran teilhaben, desto besser für uns. Mit Naturnotwendigkeit erfolgt das Steigen der internationalen Handelsbewegung und sich ihr zu entziehen, wäre wirtschaftlicher Selbstmord.

Der Weltkrieg hat den mitteleuropäischen Mächten eine weitere große Erkenntnis gebracht: daß beide aufeinander angewiesen sind, daß sie weltpolitisch und weltwirtschaftlich zusammengehören und daß keine für sich allein den großen Zukunftsproblemen gewachsen wäre. F. Naumann hat in seinem herrlichen Buche „Mitteleuropa", das vielleicht literarisch die bedeutendste und blendendste Erscheinung des Weltkrieges ist, überzeugend dargetan, daß die Gemeinsamkeit des Krieges, den die Zentralmächte führen, kein Zufall, sondern eine geographische, geschichtliche und kulturelle Notwendigkeit ist, daß der Geist des Großbetriebes und der überstaatlichen Organisation auch die Politik erfassen muß, daß wir in einer Periode der heraufziehenden Staatenverbände und Massenstaaten leben, und daß deshalb aus dem gemeinsam geführten Verteidigungskriege Deutschlands und Österreich-Ungarns sich als zwingende Notwendigkeit der dauerhafte Fortbestand des politisch-militärischen Bündnisses und sein Ausbau durch ein Wirtschaftsbündnis ergibt; aus den Nöten des Krieges muß ein wirtschaftlich und militärisch einheitliches Mitteleuropa geschaffen werden, und zwar ohne Antastung der Souveränität, nicht ein Bundesstaat, sondern ein Staatenbund, der sich zur vollen Lebensgemeinschaft entwickelt. Selten hat ein Ruf solch begeisterten Widerhall und solche Zustimmung gefunden wie der nach Schaffung eines wirtschaftlich und militärisch einheitlichen Mitteleuropa; das bezeugen die Äußerungen hervorragender wirtschaftlicher Korporationen und Zentralstellen, die Erörterungen in der Tagespresse, den Fachblättern, in besonderen Broschüren und anderen Publikationen. Ohne die vielen der Durchführung der Zoll- und Wirtschaftsgemeinschaft entgegenstehenden juristischen, technischen, wirtschaftlichen und politischen Schwierigkeiten zu verkennen, werden diese in Hinblick auf das große Ziel nicht für unüberwindlich gehalten. Auf Einzelheiten kann hier nicht eingegangen werden, es sei neben dem Naumannschen Hauptwerke unter anderem auf die in dieser Sache vorzüglich informierende Publikation von H. H e r k n e r,[37]) ferner auch die Schriften von v. P h i l i p- p o v i c h,[38]) R. K o b a t s c h[39]) und E. P i s t o r.[40]) hin- gewiesen. Mit der Kraft einer Volksüberzeugung setzt sich der Einigungsgedanke durch, vom Herzen gewünscht, wie durch rein sachliche Beurteilung als unabweisbar erkannt. Man muß E. P i s t o r vollständig zustimmen in der Bemerkung (S. 161): „Aufzuhalten ist das wirtschaftliche Bündnis mit Deutschland auf die Dauer doch nicht, denn es ist ein natur- gemäßer, weltwirtschaftlicher Prozeß, der sich höchstens zum Schaden aller Teile verzögern läßt. Ja, man kann so weit gehen, zu sagen, daß für den, der sehen will, bereits alle notwendigen Voraussetzungen des erweiterten Bündnisses durch Ereignisse und Entwicklungen vollständig gegeben sind, daß eine neue Phase der Evolution abgeschlossen vorliegt, und daß es sich nun- mehr darum handelt, auch formell die notwendigen Schlüsse zu ziehen, sowie die daraus folgenden Maßnahmen zu treffen."

Die neuere Zeit mit ihrer Verkehrsentwicklung hat Rie- senzollgebiete entstehen lassen, die man früher für unmöglich gehalten hätte.[41]) Nur ein großes Wirtschaftsgebiet wird sich kraftvoller nach außen durchsetzen und leichter einen gebüh- renden Anteil am Welthandel sichern als ein kleines. Neben den riesigen Zollgebieten des britischen, französischen, russi- schen Reiches und der amerikanischen Union, zu welchen vor

[37]) H. H e r k n e r, Die wirtschaftliche Annäherung zwischen dem Deutschen Reiche und seinen Verbündeten. Herausgegeben im Auftrage des Vereines für Sozialpolitik, I. und II. Teil. Schriften des Vereines für Sozialpolitik, 155. Bd. München und Leipzig 1916.

[38]) E. v. P h i l i p p o v i c h, Ein Wirtschafts- und Zollverband zwischen Deutschland und Österreich-Ungarn. Leipzig. S. Hirzel, 1914.

[39]) R. K o b a t s c h, Ein Zoll- und Wirtschaftsverband zwischen dem Deutschen Reiche und Österreich-Ungarn. Deutsche Weltwirtsch. Gesellsch., Vereinsschriften, 1915, Heft 2. Berlin, C. Heymann.

[40]) E. Pistor, Die Volkswirtschaft Österreich-Ungarns und die Verstän- digung mit Deutschland. Berlin, G. Reimer, 1915.

[41]) Vgl. die anregenden Ausführungen von S. S c h i l d e r über „die großen Zollgebiete in der Weltwirtschaft" in dessen wertvollem Buche: Entwicklungs- tendenzen der Weltwirtschaft, I. Bd., S. 196—237. Berlin 1912, F. Siemenroth.

unserem Blickkreis auch das im Entstehen begriffene chinesisch-
japanische Zollgebiet auftaucht, muß auch ein einheitliches
mitteleuropäisches Wirtschaftsreich in Erscheinung treten und
das um so mehr, als auch der Vierverband schon während des
Krieges einen engeren wirtschaftlichen und sogar finanzpoli-
tischen Zusammenschluß anzustreben scheint. Wie ich schon
einmal ausgeführt habe,[42]) wird im Gegensatze zu den zerrissenen und über die ganze Erde hin zersplitterten englischen
und französischen Weltreichen das mitteleuropäische Wirtschaftsreich mit dem russischen den hohen Vorzug räumlicher
Geschlossenheit und großer innerer Einheitlichkeit teilen. Im
Westen, Südwesten und Osten an dem feindlichen lateinischen
und russischen Volks- und Staatstum seine Grenze findend,
wird es — ohne jeden Nebengedanken an territoriale Erwer-
bung — mit seiner wirtschaftlichen Kraft um so stärker nach
Norden über die skandinavischen Länder hin wirken und deren
wirtschaftliche Angliederung vorbereiten, vor allem aber seinen
natürlichen Wachstumsbereich und seine wirtschaftliche Haupt-
interessensphäre im Südosten, auf der Balkanhalbinsel und
über diese hinaus in Vorderasien erblicken. Das sind Länder
mit ausgesprochen agrarischem Charakter, die mit ihren Über-
schüssen an Getreide und Vieh und mit ihrem Reichtum an
industriellen Rohstoffen die bezüglichen Fehlbeträge von
Deutschland und Österreich-Ungarn zu decken vermögen, anderseits für unsere Industrieartikel durch die räumliche Nähe und
die eingelebten Handelsbeziehungen einen bevorzugten Markt
bilden, denn die rasch zunehmende Bevölkerung Mitteleuropas
wird selbst bei der mit allen Mitteln anzustrebenden Intensitätssteigerung des landwirtschaftlichen Betriebes über die agrarischen Produktionsmöglichkeiten hinausgehen.

Ein besonders erfreuliches Zeichen ist es, daß sich der
Einigungsgedanke immer mehr in den davon unmittelbar be-
rührten wirtschaftlichen Kreisen, namentlich in industriellen
durchzusetzen beginnt und daß Hand in Hand damit die Forderung nach einer modernen Konsumentenpolitik sich Bahn
bricht. In der Sitzung der Reichenberger Handelskammer vom
2. März 1916 hat der Abgeordnete U r b a n bemerkenswerter-
weise darauf hingewiesen, daß die Monarchie „mit den Zöllen

---

[42]) Im Neuen Wiener Tagblatt vom 28. Juni 1915.

schlechte Erfahrungen gemacht habe und daß von nun ab auch die Interessen der Konsumenten geschützt werden müssen". Der Großindustrielle und Präsident der Aussig-Teplitzerbahn, W o l f r u m, führte unter anderem aus, daß speziell die Wollindustrie in den 24 Jahren des Zollschutzes ihre Fabriken ausgebaut, einen guten, zuverlässigen Arbeiterstand gefunden und keinen Grund habe, die Konkurrenz mit der deutschen Industrie auf dem Weltmarkte zu fürchten. „Wenn für Zugeständnisse im Zolle der größere Markt eingetauscht werde, brauche man sich nicht an das heutige Ausmaß der Schutzzölle zu klammern. Freilich habe es immer Leute gegeben, welche sich in Prophezeiungen über Gefahren ergingen, die nie eingetreten seien. Das sei Konservativismus im schlechten Sinne. Die Hauptsache sei die Freimachung des Unternehmungsgeistes und die Großzügigkeit der Gesetzgebung und Verwaltung. Dann werde das Wirtschaftsbündnis mit Deutschland die Vollendung des segensreichen Ereignisses sein, bei welchem wir dem Schicksal danken müssen, daß sich die Häuser Habsburg und Hohenzollern gefunden haben. Die beiden Kaiser werden den weltwirtschaftlichen Bund begründen, dessen Bedeutung wir zuerst als Staatsbürger und dann erst als Industrielle beurteilen sollen."   .

Ehe man an den Aufbau eines militärisch und wirtschaftlich geeinten Mitteleuropa gehen kann, müssen zunächst die wirtschaftlichen Verhältnisse zwischen den beiden Staaten der Donaumonarchie eine Ordnung und Vereinheitlichung erfahren. Wie R. K o b a t s c h[43]) sehr zutreffend bemerkt, entspricht es in völlig gleicher Weise den österreichischen wie den ungarischen Interessen, „daß die beiderseitigen wirtschaftlichen Beziehungen künftighin möglichst von Elementen des Mißtrauens und von kleinlichen, vielfach auf bloße bureaukratische Engherzigkeit oder auf politische Ideen zurückzuführende Schlacken gereinigt werden, daß eine gegenseitige Loyalität zugesichert und eingehalten werde, und daß die wechselseitigen wirtschaftlichen Beziehungen auf Grund der Wirtschaftsgemeinschaft für eine längere Zeit als bisher sichergestellt werden". Das geht um so eher, als die seit 1867 usuelle Erneuerung des Zoll- und Handelsbündnisses zwischen den beiden Staaten von 10 zu 10 Jahren in den Ausgleichsgesetzen nicht festgelegt ist, son-

---

[43]) a. a. O., S. 61.

dern darin nur eine Regelung „von Zeit zu Zeit" vorgesehen ist. Der allgemeine Wunsch nach einer „langfristigen" Regelung des Verhältnisses zu Ungarn ist auch in einer Kundgebung der Wiener Handelskammer (am 21. Oktober 1915) zum Ausdrucke gebracht worden, weil ohne diese Regelung eine „weiter ausgreifende Umgestaltung unserer wirtschaftlichen Beziehungen zum Deutschen Reiche nicht denkbar ist". Bekanntlich ist der letzte Ausgleich im Jahre 1907 (bis 1917 dauernd) nur mit Mühe und nach langen Verhandlungen durchzusetzen gewesen, da in Ungarn eine starke Bewegung für Zolltrennung bestand und den zwischenzollfreien Verkehr bekämpfte. Diese Absichten werden auch heute noch vereinzelt geäußert, namentlich von ungarischen Indusriepolitikern, welche in Zollschranken gegen Österreich eine Förderung der nationalen Industrie erhoffen. In Berücksichtigung der früher erwähnten Tatsache, daß nur großen einheitlichen Zollgebieten die Zukunft gehört und überall die Tendenz zum Zusammenschlusse kleinerer besteht, muten solche Bestrebungen ganz unzeitgemäß an, und das um so mehr, als die offizielle Statistik des Zwischenverkehrs schlagend bezeugt, daß beide Staaten wirtschaftlich aufeinander angewiesen sind, die Zollunion jedem zum Nutzen gereicht. Zölle würden manche österreichische Industriezweige, die in Ungarn einen guten Markt finden, empfindlich treffen, aber unvergleichlich stärker würde durch solche auf ungarische Agrarprodukte die Landwirtschaft Ungarns getroffen, die jetzt und wohl auf lange hinaus das feste Rückgrat der ungarischen Volkswirtschaft ist und bleiben wird.

Statistik des Zwischenverkehres zwischen Österreich und Ungarn in Millionen Kronen.

	Einfuhr aus Ungarn:	Ausfuhr nach Ungarn:	+ Mehrausfuhr: − Mehreinfuhr:
1900	922	885	− 37
1906/10	1190	1271	+ 81
1911	1378	1532	+ 154
1912	1458	1584	+ 126
1913	1382	1483	+ 101

Während der Wert der österreichischen Waren, die nach Ungarn gehen, nur etwa ein Drittel der österreichischen Gesamtausfuhr ausmachen, beträgt das ungarische Verhältnis

nahezu zwei Drittel; aus diesen Zahlen geht wohl sehr deutlich
hervor, daß Ungarn aus dem Zusammenschluß der beiden Staaten
den größeren Vorteil zieht. Die starke Zunahme der Ein- und
Ausfuhr und die Passivität der Handelsbilanz Bosniens und
der Herzegowina zeigt das kulturelle Aufstreben der Reichs-
lande. Im Jahre 1912 betrug die Einfuhr nach den Reichs-
landen 175 Millionen Kronen, die Ausfuhr 130. Der Anteil, der
dabei auf benachbarte fremde Staaten entfällt, ist ein sehr
geringer.

Besonderes Augenmerk wird der Ausgestaltung des Land-
verkehres zuzuwenden sein, wobei ein einheitliches Zusammen-
arbeiten der österreichischen, ungarischen und deutschen Eisen-
bahnverwaltungen und eine den Bedürfnissen des Handels und
der Produktion entgegenkommende Tarifpolitik Bedingung ist.
In gleicher Weise werden wir den über See strebenden Außenhandel durch Förderungen zur Ausgestaltung der heimischen
Handelsflotte und zur Ausdehnung ihrer Verkehrslinien heben
müssen. Die Reedereien der Monarchie, der Österreichische
Lloyd, die Vereinigte Österreichische Schiffahrts-A.-G., vormals
Austro-Americana und Fratelli Cosulich, D. Tripcovich & Co.,
Navigazione libera Triestina A.-G., Allgemeine Österreichische
Schiffahrt A.-G. Gerolimich & Co. in Triest, die königlich unga-
rische Seeschiffahrtsgesellschaft „Adria", die Seeschiffahrts-
Aktiengesellschaften „Atlantica", „Levante", „Orient", die
Ung.-Kroatische Seeschiffahrts-Aktiengesellschaft für freie

Eingelaufene Tonnage in 1000 Registertonnen.

	1905	1910	% Zunahme 1905,10	1911	1912	% Anteil 1912
Antwerpen	9.900	12.654	5·56	13.350	13.762	17·6
Hamburg	10.381	12.656	4·38	13·176	13.588	17·3
Rotterdam	8.339	10.877	6·08	11.052	12.094	15·4
Marseille	7.441	9.441	5·38	9.807	9.682	12·4
Genua .	6.445	7.446	3·10	7.419	7.105	9·1
Bremen	3.350	4.130	4·66	4.517	4.952	6·3
Havre	3.866	4.769	4·68	4.959	4.902	6·3
Triest	3.002	4.199	7·56	4.235	4.573	5·8
Amsterdam	2.066	2.589	4·66	2.593	2.869	3·7
Fiume .	2.107	2.371	2·50	2.353	2.565	3·3
Venedig .	1.722	2.198	3·52	2.210	2.232	2·8

Außenhandel Österreich-Ungarns.

Jahr	Wert in Tausenden von Kronen				Ausfuhr gegen Einfuhr
	Einfuhr		Ausfuhr		
	Spezialhandel	Veredlungs-verkehr	Spezialhandel	Veredlungs-verkehr	
1870	864.000		791.000		− 73
1880	1,227.000		1,352.000		+ 125
1890	1,221.466		1,542.753		+ 321.287
1895	1,444.986	42.066	1,483.620	84.498	+ 81.066
1900	1,696.358	52.610	1,942.003	119.702	+ 312.737
1905	2,146.133	67.012	2,243.780	146.942	+ 177.577
1906	2,341.205	70.083	2,380.087	217.925	+ 186.724
1907	2,501.974	85.173	2,457.286	200.799	+ 70.938
1908	2,398.094	69.137	2,255.268	134.351	− 77.612
1909	2,746.331	74.390	2,318.868	156.185	− 346.208
1910	2,852.852	76.882	2,418.606	169.034	− 342.094
1911	3,191.911	83.497	2,404.304	178.256	− 692.648
1912	3,556.797	113.086	2,733.855	192.810	− 743.218
1913	3,406.592	102.108	2,769.688	217.846	− 521.166

Schiffahrt haben in den letzten Jahren einen sehr erfreulichen Aufschwung genommen und die österreichisch-ungarische Handelsmarine verfügte bereits vor dem Kriege über Schiffe mit einer Million Registertonnen. Der Hafenverkehr der Haupthäfen Triest und Fiume ist rasch gewachsen, im besonderen der von Triest viel stärker als in anderen europäischen Großhäfen.

Mit dem Aufschwunge des Wirtschaftslebens ist auch der Außenhandel seit der Mitte des 19. Jahrhunderts mächtig gestiegen. Betrug doch 1850 der Gesamtumsatz des Spezialhandels erst 554 Millionen Kronen, 1913 aber mit Einschluß des Veredlungsverkehrs fast zwölfmal so viel, nämlich 6·5 Milliarden Kronen. Die seit Jahrzehnten herrschende aktive Handelsbilanz (nur im Jahre 1898 gab es eine Passivziffer von 24·4 Millionen Kronen) ist seit 1908 einer rasch steigenden passiven gewichen. Namentlich groß ist der Passivposten in Rohstoffen und er wird nur teilweise durch den Mehrexport von Fabrikaten ausgeglichen. Die obige Tabelle veranschaulicht die Entwicklung des Außenhandels über das Vertragszollgebiet der beiden Staaten der Monarchie (d. i. neben Österreich, Ungarn, Bosnien auch Liechtenstein; ausgeschlossen sind die kleinen Freihafenbezirke von Triest und Fiume und die Gemeinden

Jungholz in Tirol und Mittelberg in Vorarlberg). Die folgende
Tabelle (S. 69 ff.) bringt die entsprechenden Angaben für die
anderen Staaten und läßt die Stellung Österreich-Ungarns im
Welthandel erkennen. Unter den europäischen Mächten steht
die Monarchie an siebenter Stelle, während in den außereuropäischen Erdteilen nur die britischen Kolonien in Asien und
die Vereinigten Staaten von Amerika höhere Werte ausweisen.

Die dritte Tabelle (im Anhange) bringt im besonderen den
Grad und die Intensität der Verkehrsbeziehungen Österreich-
Ungarns zu den einzelnen Staaten der ganzen Welt. Der Haupt-
teil des Handels richtet sich naturgemäß nach den europäischen
Staaten und namentlich mit Deutschland sind die Handelsbeziehungen sehr rege. Von überseeischen Gebieten kommen
im fünfjährigen Durchschnitte $26\,{}^0/_0$ der Wertmenge auf die
Einfuhr und dahin gehen $11\text{'}4\,{}^0/_0$ der Ausfuhr. Die Industrie-
erzeugnisse der Monarchie haben sich dank ihrer Qualität Wege
in die ganze Welt gesichert und in der notwendigen intensiveren Pflege unseres Außenhandels können wir in den fernsten
Erdgebieten an bereits vorhandene Beziehungen anknüpfen.

Auswärtiger Handel der wichtigsten Staaten.

Durchschnitt im Jahrfünft 1906/10 und der Jahre 1911, 1912, 1913
(in Millionen Kronen).

Staat	Gesamt-handel	+ oder − der Ausfuhr über die Einfuhr	Gesamthandel		
			1911	1912	1913
Europa:					
Großbritannien und Irland*	23.543	− 3.419	24.755	26.883	28.344
Deutsches Reich*	17.832	− 1.939	20.958	23.113	24.551
Frankreich*	10.501	− 194	13.311	14.065	14.479
Niederlande	10.279	− 1.113	12.130	13.452	13.931
Belgien*	6.134	− 821	7.613	8.194	8.146
Rußland (europ.) ohne Finland	5.393	+ 750	6.997	6.838	
Finland .	600	− 91	707	760	843
Österreich-Ungarn*.	4.934	− 202	5.596	6.149	6.157
Italien*	4.632	− 986	5.265	5.647	5.780
Schweiz*	2.602	− 467	2.880	3.126	3.107
Spanien .	1.776	− 77	1.838	2.136	2.480
Schweden	1.524	− 163	1.795	2.037	2.196
Dänemark*	1.336	− 179	1.535	1.769	1.873
Rumänien	977	+ 192	1.188	1.229	
Türkei (europ.)	921	− 251	990		
Norwegen	789	− 161	990	1.111	1.353
Portugal	408	− 142	546	582	
Griechenland	259	− 28	296	286	280
Bulgarien	249	− 21	361	348	262
Serbien	148	+ 14	219		
Kreta .	35	− 3	36	177	39
Montenegro	9	− 5			
Asien:	*94.880*	*− 9.306*	*110.006*	*117.902*	*.*
Britische Kolonien	7.089	+ 238	8.752	9.720	
China .	2.511	− 437	2.746	3.097	4.150
Japan und Korea	2.269	− 140	2.531	3.035	3.593
Niederländisch-Indien .	1.281	+ 272	1.780	1.979	2.274
Französische Kolonien	459	+ 35	632	525	678
Philippinen	349	+ 3	520	546	
Persien	330	− 35	337	381	417
Siam	298	− 50	237	237	
	14.586	*− 1.274*	*17.535*	*19.520*	*.*

* Spezialhandel, bei den übrigen Generalhandel.

Staat	Gesamt-handel	+ oder − der Ausfuhr über die Einfuhr	Gesamthandel		
			1911	1912	1913
Afrika:					
Ägypten .	1.224	+ 40	1.353	1.466	1.441
Britische Kolonien	3.957	− 231	2.156	2.298	
Französische Kolonien	1.304	− 138			
Deutsche Kolonien u. Schutzgebiete	179	− 58	249	274	
Marokko	109	− 19	169	218	
Kongostaat	74	+ 28	100	110	.
	6.847	*− 378*			
Amerika:					
Vereinigte Staaten*	15.768	+ 2.189	17.319	18.725	20.773
Kuba	1.056	+ 121	1.172	1.318	1.510
Hawaï	302	+ 91	455	578	
Alaska	159	− 26			
Britische Kolonien	3.573	− 440	4.280	6.008	
Argentinien	3.062	+ 230	3.295	4.123	4.311
Brasilien	2.188	+ 392	2.889	3.215	3.116
Chile	1.024	+ 52	1.223	1.281	1.314
Mexiko	883	− 89	1.234	1.190	1.326
Uruguay	387	+ 12	462	515	615
Porto-Rico*	295	+ 17	455	578	
Peru	254	+ 35	309	361	
Bolivia	200	+ 36	303	300	
Venezuela .	132	+ 28	167	228	319
Ecuador .	106	+ 16		123	
Französische Kolonien	107	+ 9	114	127	120
Guatemala .	87	+ 23		114	
Costa-Rica .	74	+ 7	86	91	94
Dominikanische Republik .	67	+ 18	89	102	98
San Salvador	52	+ 11	68	63	
Paraguay	47	− 8	54	45	45
Nicaragua .	35	+ 4·5			
Honduras	23	− 1	29	33	.
	29.881·1	*+ 3.291·5*	*34.003*	*39.118*	
Australien:					
Britische Kolonien	3.711	+ 463	4.452	4.760	4.896
Deutsche Kolonien .	15	− 1	21	25	
Französische Kolonien	25	− 1	41	44	5²
	3.751	*+ 461*	*4.514*	*4.829*	

* Spezialhandel, bei den übrigen Generalhandel.

Außenhandel Österreich-Ungarns mit den wichtigsten Staaten im Mittel der Jahrfünfte 1909/1913.

Handels-, beziehungsweise Bestimmungsländer	EINFUHR Wert in Tausenden Kronen	EINFUHR Prozent	EINFUHR Reihenfolge	AUSFUHR Wert in Tausenden Kronen	AUSFUHR Prozent	AUSFUHR Reihenfolge	Ausfuhr gegen Einfuhr Wert in Tausenden Kronen
Europa:							
Deutsches Reich	1,274,109	39·25	1	1,045,123	38·36	1	— 229,046
Großbritannien	237,089	7·38	3	231,163	9·3	2	+ 14,074
Italien	146,654	4·44	6	236,391	8·78	3	+ 89,637
Schweiz	109,887	3·43	8	164,571	6·1	4	+ 54,804
Rumänien	90,804	2·84	9	123,535	4·56	5	+ 32,631
Rußland (europäisches)	106,859		6	190,891	3·74	6	+ 96,568
Türkei (europäische)	54,310	1·1	13	97,111	3·58	8	+ 32,141
Hamburg (Freihafen)	400		49	53,595	3·48	9	+ 93,096
Frankreich	113,451	3·52	7	80,532	2·96	12	+ 38,519
Bulgarien	11,887	0·36	35	38,598	1·44	15	+ 96,731
Serbien	28,863	0·86	16	36,390	1·32	16	+ 7,247
Niederlande	24,774	0·78	18	28,305	1·06	17	+ 4,131
Belgien	49,719	1·66	11	24,931	0·94	18	— 24,788
Griechenland	30,601	0·64	19	23,989	0·88	21	— 3,388
Triest (Freigebiet)	13,138			9,501	0·36	22	+ 9,315
Spanien	16,308	0·43	34	8,734	0·33	23	+ 4,459
Schweden	8,959	0·50	39	8,649	0·32	24	+ 7,559
Dänemark	1,151	0·28	43	6,644	0·30	27	+ 425
Portugal	105	0·04		6,734	0·22	28	+ 4,373
Bremen (Freihafen)	308			5,299	0·20	31	+ 5,194
Britischer Besitz im Mittelländischen Meer	963	0·96	51	3,866	0·13	33	+ 3,048
Montenegro				3,294	0·12	34	+ 2,331
Norwegen	8,436		50	3,344	0·12	34	+ 5,181
Fiume (Freigebiet)	8	0·96	60	496		52	+ 488
	2,269,672	**72·98**		**2,402,657**	**88·40**		**+ 13,542**
Asien:							
Britisch-Indien	297,389	7·06	4	73,566	2·68	11	— 154,123
Türkei (asiatische)	25,085	0·78	17	36,896	1·34	14	+ 11,811
Japan	8,162	0·24	31	8,086	0·28	35	+ 78
China	15,737	0·48	23	6,090	0·24	36	+ 9,717
Niederländisch-Indien	32,193	1·0	15	3,603	0·10	35	— 19,920
Persien	1,288	0·06	40	2,932	0·10	36	+ 1,634
Rußland (asiatisches)	1,010	0·04	43	806		47	+ 144
Asien (ohne nähere Bezeichnung)	4,159	0·14	58	599	0·10	51	+ 3,467
Französisch-Indochina	982		53	67		58	+ 315
	315,855	**9·79**		**131,716**	**4·74**		**— 163,659**
Afrika:							
Ägypten	35,741	1·16	12	38,494	1·44	13	+ 1,753
Deutscher Besitz in Afrika	712	0·12	47	2,506	0·12	38	+ 1,664
Britischer Besitz in Afrika	13,654	0·48	26	3,169	0·10	40	+ 8,406
Algier	5,153	0·18	50	1,862	0·08	41	+ 3,390
Marokko	383		58	1,292	0·06	42	+ 1,509
Tripolis	22	0·06	58	1,410	0·04	43	+ 1,696
Tunis	1,413		39	1,383	0·04	46	+ 130
Afrikanische Türkei	15	0·10	59	504	0·03	49	+ 899
Sonstiger europäischer Besitz in Afrika	2,356		37	734	0·02	49	+ 1,622
Abessinien	54		56	8		55	+ 46
Afrika (ohne nähere Bezeichnung)	750	0·36	48	233		64	+ 118
Kongostaat	584		48	52		60	+ 553
	60,836	**2·09**		**61,200**	**1·94**		**+ 16,180**
Amerika:							
Vereinigte Staaten	286,460	8·78	2	74,868	2·78	10	— 211,591
Argentinien	33,637	1·02	14	18,892	0·68	19	— 14,745
Brasilien	67,544	2·08	10	12,332	0·44	20	— 55,312
Amerika (ohne nähere Bezeichnung)	11,438	0·34	37	3,866	0·14	29	— 7,693
Chile	18,594	0·58	21	3,679	0·14	30	— 14,916
Kanada	1,170	0·05	41	3,397	0·12	32	+ 2,117
Mexiko	1,364	0·06	38	2,664	0·10	37	+ 1,470
Kuba	5,298	0·18	24	1,170	0·04	44	— 4,138
Peru	158		54	716		50	+ 558
Zentralamerikanische Republiken	11,434	0·36	36	431		53	— 10,983
Kolumbien	548	0·70	45	385		54	+ 568
Britisch-Westindien	5,890		33	363		55	— 5,538
	446,241	**13·62**		**132,627**	**4·44**		**— 327,749**
Australien:							
Britisch-Australien	9,685	0·30	28	2,368	0·10	39	— 7,351
Australien (ohne nähere Bezeichnung)	7,972	0·24	32	761		48	— 7,921
Neuseeland	51		57	123		57	+ 71
	17,648	**0·54**		**3,141**	**0·10**		**— 237,749**
Retourwaren	1,974	0·22		2,141			7,974